思いが伝わる語彙学

池上彰 責任編集
吉田裕子

KADOKAWA

語彙力がある人は
どれだけの言葉を
知っているのだろうか

L

単語を調べても
使いこなせない…
大人として最低限
必要な語彙とは？

LEXICOLOGY

自信を持って敬語を
使えていますか？
間違いだらけの
敬語があふれています

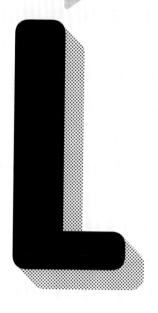

語彙学とは?

語彙を学ぶと、想像力や思考力が深まります。一方、語彙力がないと自分の気持ちに気付けないことも…。そして言葉は、相手に届かないと意味がありません。難しいことほどやさしく伝えることが大事ですね。

池上 彰

ジャーナリスト　AKIRA IKEGAMI

自分に語彙が足りないと思うのは
知性があるからこそです。
語彙力があると考えが確実に伝わり
それは社会的信用にもつながります。
背伸びをしてでも言葉を学び、
「使う」と「学ぶ」の好循環を目指しましょう。

吉田裕子

国語講師　YUKO YOSHIDA

編集会議で…

解説のわかりやすさに定評のある池上さん、
国語講師で言葉の大切さを伝える吉田さん。
言葉の乱れの話から会議は盛り上がり、
ChatGPTをどう使いこなせばいいかに
至るまで、金言が飛び交いました。

同じ言葉を何度も使いたくないですね

――池上

言葉の乱れは、
清少納言の頃から
嘆かれ続けています

――吉田

「最近の若い者は」と
言い出したら、
老化した証拠かなと

「やばい」「マジっすか」
だけのロケリポートには、
びっくり仰天した

切り取り文化の
リスクを想定した
語彙力が必要に

言葉に出合う・
出会うの両方があり、
言葉との出会いを
大切にしたい思いから
「言葉に出会う」と
私は表現しています

ネット特有の表現で
言葉が歪められている
と感じます

語彙は、
いろいろな思いを
相手に届けられる
包み紙のようなもの

語彙に興味を持つあなたへ

こんなお悩みも解消します

自分の本当の気持ちが表現できずモヤモヤすることが多い

インターネットの言葉をつい信用してしまいます…

↓ CHAPTER ①へ P13-

小説よりもマンガが好きです。語彙力は付かないですか？

同じ言葉を繰り返してしまいます…。違う表現の探し方がわかりません

↓ CHAPTER ②へ P57-

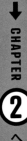

ビジネスシーンで改まった言葉づかいをしたいのに自信がない

断りを入れたいとき、もっといい言い方がないかいつも考え込んでしまう

CHAPTER 3 へ
P101-

どんなに頑張っても、言っていることを相手が理解してくれない

今になってSNSでの発言をするのがとても怖く感じます

CHAPTER 4 へ
P171-

CONTENTS

◆語彙学とは？……2
◆編集会議で……4
◆語彙に興味を持つあなたへ　こんなお悩みも解消します……6

CHAPTER 1 語彙力があると何がいいの？ 語彙は必要なものか

13
◆そもそも「語彙」とは？　本来の意味と実際の使われ方……14
◆言葉の乱れと時代の変化　――現代人の言葉は乱れているのか……16
◆日本人が気にする「敬語」　上の世代が敬語に厳しいのはなぜか……22
◆日本人の活字離れが起こっている？　月に1冊も本を読まない人は半数近い……26
◆新しいツールにSEO文法　インターネットが日本人の言葉を変えている……28
◆語彙力を付けたい若手社員、教えるのが怖い先輩社員……34
◆知らないうちに損をする！　語彙力がないと何がまずいのか……36
◆語彙力があることのメリット①情報収集力が上がる……42
◆語彙力があることのメリット②思考や言葉の解像度が上がる……48
◆語彙力があることのメリット③チャンスをもらえて出会える人が変わる……52
IKEGAMI'S EYE　池上は、こう読んだ……56

CHAPTER 2

何を、どのように学ぶべきなのか 語彙について知る

◆一生使わない言葉に余計な時間を費やさない　方向性を決めて学び始めよう……58
◆自分に必要な語彙とは？　知っておくべき言葉の見極め方……60
◆語彙力アップは短期&長期で考える　短期間で効果が上がる語彙の学び方とは……64
◆長期的にはやっぱり読書　語彙力を上げるために読むべきはどんな本？……70
◆語彙力の高い人は「似ている言葉」の使い分けがうまい……74
◆「違和感」のアンテナを立てておこう　言葉の違いに敏感になる……78
◆言葉づかいは伝染する　付き合う人で変わる、語彙力への影響……82
◆認知語彙と使用語彙をバランスよく伸ばす……88
◆結局、何語覚えればいい？　大人が身に付けるべき語彙の量とは……92
IKEGAMI'S EYE 池上は、こう読んだ……95

SPECIAL COLUMN

吉田さんが読者だけに教える「語彙」体験記

◆「そんな表現があるのか!」と唸《うな》った言葉 …… 96
◆人生を支える言葉 …… 97
◆日本語の面白さを感じる言葉 …… 98
◆仕事で出会った素敵な言葉 …… 99
◆最近グッときた言葉 …… 100

CHAPTER 3

まず身に付けたい目的別特選ワード

101
◆語彙学の入り口となる特選ワードを学ぼう …… 102
◆読み方を知っておくと信頼につながる22の言葉 …… 104
◆使い方を間違うと恥をかく10の言葉 …… 116
◆改まった場面に必要な22の硬い言葉 …… 122
◆言いにくいことを伝えるときの22の大和言葉 …… 134
◆似ているけれど実は違う22の言葉 …… 146
◆思考力を広げる22のカタカナ語 …… 158
IKEGAMI'S EYE 池上は、こう読んだ …… 170

CHAPTER

4

「ここで終わり」のゴールはないから言葉を使い続けていく

171

◆どうやったら使えるようになる？　アウトプットにつながる語彙力とは……172
◆「TPO」ではなく「TPPO」　場にふさわしい言葉の選び方……176
◆わかってくれない相手に届く「伝わる言葉」はどう見つける？……182
◆何が違う？　読み流される定型文、心に響く定型文……186
◆プライベートとビジネスでの会話　「丁寧さ」の境界線はどこにあるのか……192
◆誰に向けるのかで言葉を調整するマーケティング型自己表現……194
◆自分の本当の気持ちを掘り下げるクリエイティブ型自己表現……196
◆誤用が広まっている言葉との付き合い方は？　若手社会人が知っておくべきこと……200
◆「言葉の洪水」、SNSとの付き合い方を考える……204
◆これからはAIに文を書いてもらえばいい？　ChatGPTを使うときに必要な語彙力……208
◆身だしなみを点検するように、言葉も点検しよう　自分の言葉を聞いて現在地を知る……212
◆言葉の好循環のサイクルを回し続けよう……216
IKEGAMI'S EYE　池上は、こう読んだ……218

◆参考文献・ウェブサイト……219
◆おわりに　吉田裕子……220
◆まとめ　池上 彰……222

STAFF

アートディレクション　俵 拓也
デザイン　俵社
撮影　西村彩子
ヘアメイク　久保りえ
イラスト　花松あゆみ（カバー）
林田秀一（似顔絵）
つまようじ（中面）
DTP・図版　エストール
校正　鷗来堂
編集協力　城戸千奈津
編集　藤原民江

※本書の情報は基本、2024年5月時点のものです。

CHAPTER

1

語彙力があると何がいいの？

語彙は必要なものか

「もっと語彙力がほしい」などと言いますが、
そもそも語彙とは何なのでしょう？
そして語彙力がなぜ必要なのか、
言葉を巡る状況を踏まえて解説します。

— LEXICOLOGY —

そもそも「語彙」とは？本来の意味と実際の使われ方

「あの人は語彙が豊富だよね」

「私はどうも語彙が不足しておりまして…」

「社会人として恥ずかしくない語彙力を身に付けよう」

普段の会話やインターネット上の記事、書籍などでしばしば「語彙」という単語を見聞きしますが、この「語彙」という言葉、「意味をきちんと説明してください」と言われたときに、はっきり答えられるでしょうか？

「語彙」はカタカナ語で言うと「ボキャブラリー」で、一つひとつの単語ではなく、**ある言語の持つ単語や、ある業界で使われている単語、ある人の知っている単語全体のことを指す**ものです。「あの人は語彙が豊富だ」と言うと、その人が持っている単語の知識の総体が豊かであることを意味します。そのため、「その語彙は知らなかった」という言い方は本来おかしいということになります。

ただ、実際に、仕事や日常生活の場で「語彙」「語彙力」といった言葉が出てくる場合、辞書的な意味が厳密に意識されることはそれほどありません。**語彙は「言葉の知識」、語彙力は「豊かな言葉を的確に使いこなす力」くらいの意味で大まかに使われています。**「語彙力が足りな

Yoshida's memo
語彙＝多くの言葉の知識、語彙力＝言葉を的確に使いこなす力、どちらも高めていこう。

い」と言う場合、「表現力の不足」といった程度の意味でしょう。

つまり、「語彙」という言葉は、元々ある言語、ある業界、ある人の持つ単語の総体という意味ではありますが、世間では「力」を加えた「語彙力」のほうがよく使われ、これは言葉を実際に活用・運用する能力のことを指しています。この語彙力は仕事の成果や対人関係の印象にも関わります。

本書で「語彙を学ぶ」という表現が出てきたときには、この「語彙力」の意味合いも含んでいるとご理解ください。

テストに出る単語というのでなく、実際の日常会話や仕事のコミュニケーション、ここに生きる言葉の知識や運用上の注意を学んでいきましょう。

「語彙」とは

ある言語・ある業界・ある人の持つ単語の総体

日常では「言葉の知識を持ち、運用する能力」としての「語彙力」が使われることが多い

言葉の乱れと時代の変化——現代人の言葉は乱れているのか

文化庁が毎年「国語に関する世論調査」を行っています。その調査項目には「情けは人のためならず」のような、誤用が多いと考えられている言葉の意味を問うものがあって、調査結果発表時には「辞書とは異なる意味で理解している人が5割近くもいた」などとニュースになります。こうした誤解の例がクイズ番組の題材ともされているのです。

このような状況はよく「言葉の乱れ」と嘆かれますが、本当に現代の言葉は乱れていると言えるのでしょうか？　現代人の言葉を巡る状況について、ここで少し考えてみましょう。

実は、「言葉の乱れ」の批判は近年に限った現象ではなく、大昔から連綿と続いています。

約1000年前、平安時代にも、清少納言が『枕草子』の中で触れています。「『～せんとす』と言わなければならないのに、『～せむずる』としゃべっている人がいて、すごく嫌だ」と言葉の乱れを批判しているのです。鎌倉時代の兼好法師も、「キラキラネームを付けるのはよくない」といった意味のことを『徒然草』に書いています。

現在では当たり前に使われている「素敵」も、40～50年前には乱れた言葉として批判の対象でした。「素敵」という漢字はあて字で、もとは「素晴らしい的」を縮めて「素的」、これが当時の流行語だったのです。この「素的」を使った人が怒られたという事例も見つかります。意外に思った人もいるかもしれませんね。「素敵」は、今ではむしろ上品な印象を与えると言ってもよい言葉ですから。

これらの例からわかるのは、**言葉は時代によって変わっていくもので、絶対の正解はなく、言葉の乱れも感じ方の問題である**ということです。

このように、はるか昔から言葉の乱れが指摘され続けてきた中、現代に顕著な特徴は、**生の日常会話がメディアを通じて飛び交うようになっている**点です。

一昔前は、メディアと言えばテレビや

「情けは人のためならず」の意味は？

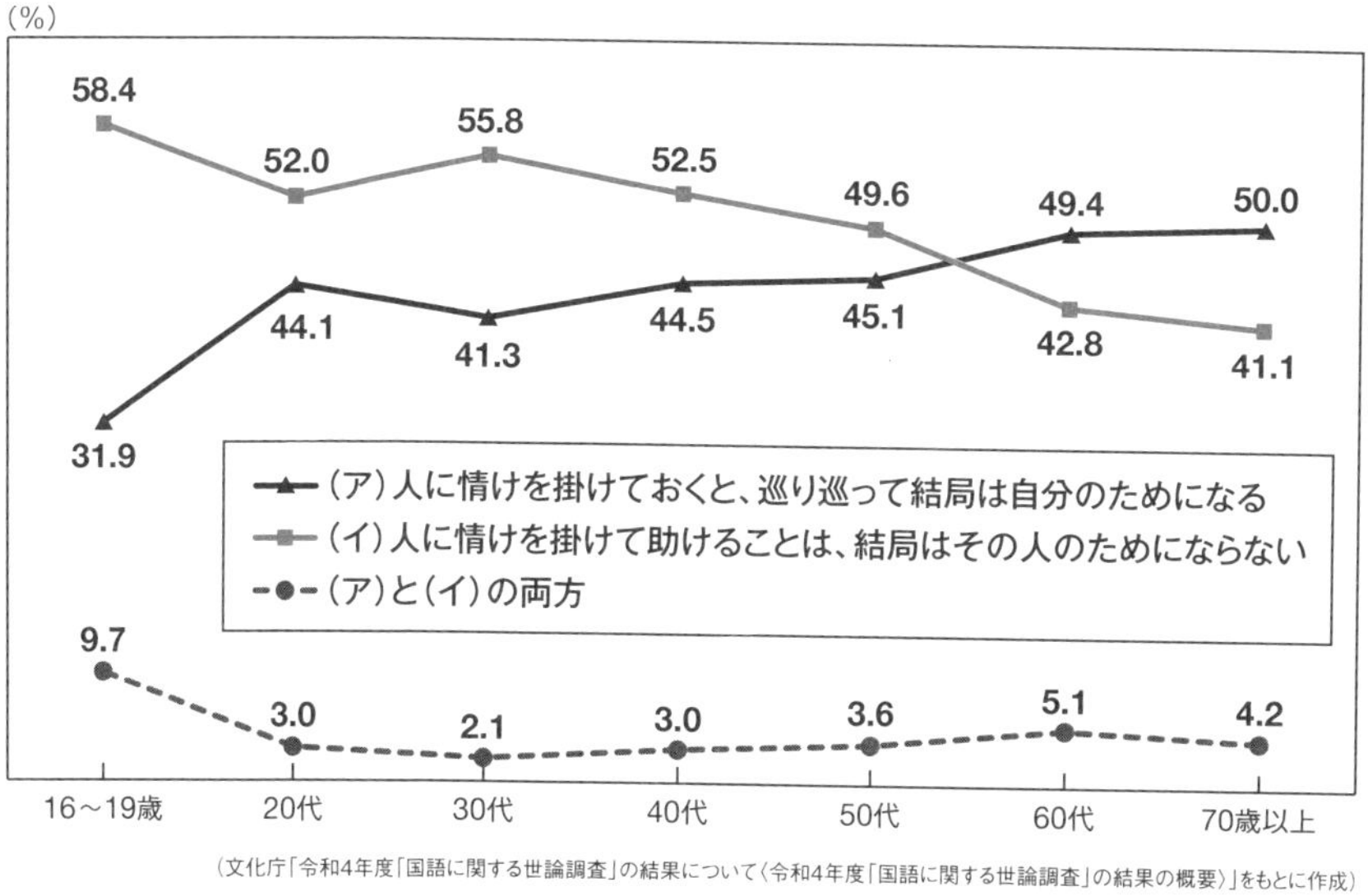

(文化庁「令和4年度「国語に関する世論調査」の結果について〈令和4年度「国語に関する世論調査」の結果の概要〉」をもとに作成)

辞書等で本来の意味とされているのは（ア）だが、
50代以下では（イ）と答えた人のほうが多く、10代はその傾向が特に強い新聞、雑誌などのマスメディアが中心で、メディアで発信される番組や記事には、記者や編集者による編集の手が入っていました。

ですが今や、ＳＮＳを通じて誰もが発信者になることができる時代です。それによって、プロのチェックを経ていない言葉がインターネット上にあふれるようになりました。たとえばＹｏｕＴｕｂｅでよく見る言葉の間違いが、紹介していただいた者だ、という意味の「ご紹介にあずかる」。この場合は「与」をあてるのが正解ですが、「預」を使ってしまった「ご紹介に預かる」という字幕をよく見かけます。

こうしたＹｏｕＴｕｂｅ字幕が広がると次に何が起こるかというと、これを見た人が「なるほど、『ご紹介に預かる』という言い方があるんだな」と、誤用のほうを覚えてしまうのです。そしてその誤用を覚えてしまった人が、別の場面で「ご紹介に預かる」を使って投稿し、それを見た人が――というふうに、**間違った言葉がＳＮＳの投稿を通じて連鎖的に流布していくため、誤用が定着しやすくなっている**のです。

ほかに最近ネット上でよく見るのが、「卑下」を「誹謗中傷」の意味で使っている誤用です。卑下は「自分のことを低く劣った者と卑しめる」の意で使うのが一般的ですが、Ｘ（旧ツイッター）を見ると、「他人を卑下して回っている人の言葉は信用できない」などと書いている人がたくさんいます。

「延々と」と「永遠と」の誤りも非常によく見かけます。いつまでも続くことにうんざりし

現代の言葉の乱れに顕著な特徴

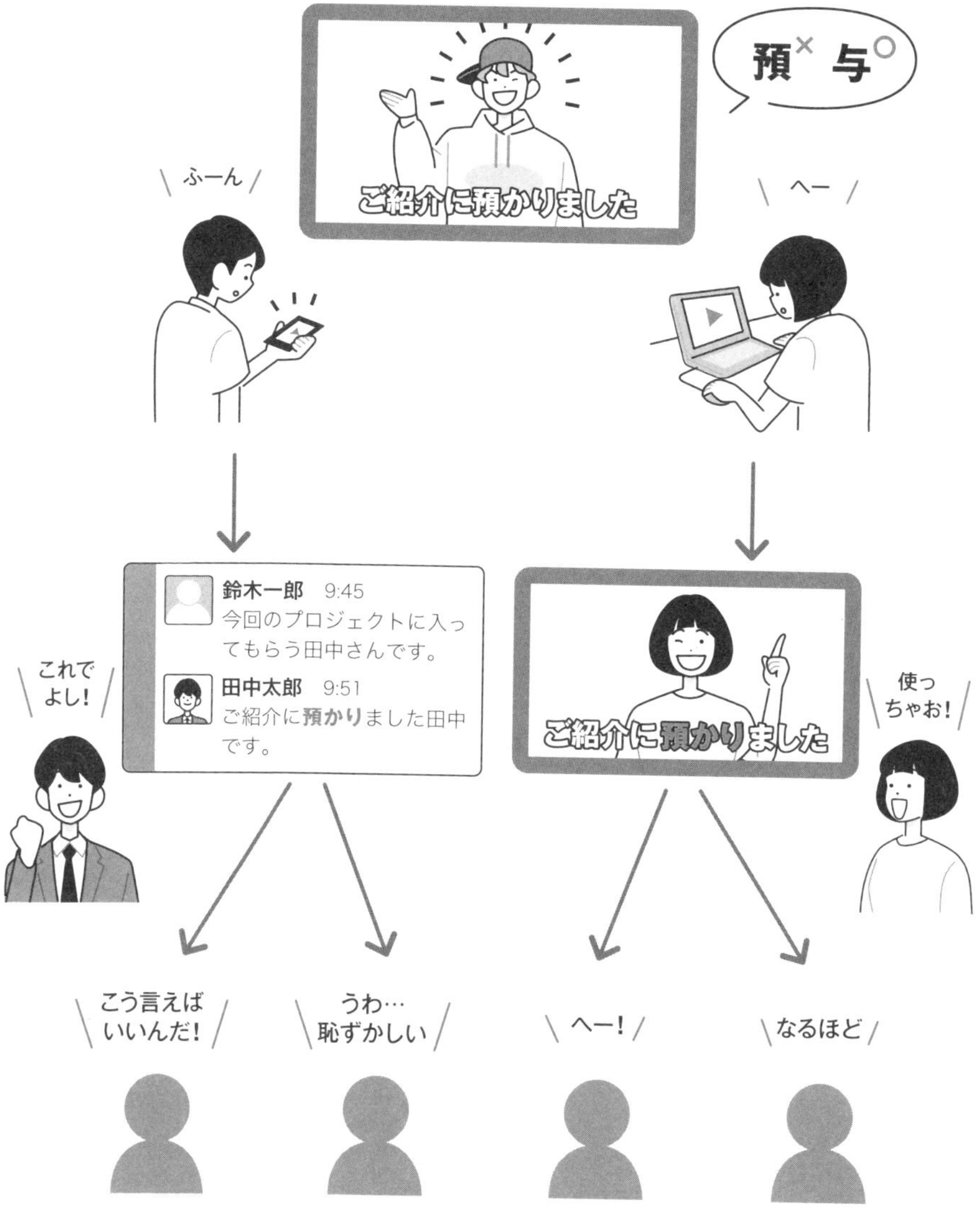

間違った言葉・用法がSNSやメディアを通じて流布していく

ているとき、正しい表記は「延々と」ですが、この「えんえんと」が耳で聞くと「えいえんと」にも聞こえるため、普段本を読まない人が「永遠と」と書いてしまい、ネット上にエターナル（永遠の）があふれる事態になっています。

SNSの普及によって、一般の人々の日常的な言葉の間違いがネット上に氾濫し、**現代では正しい言葉づかいだけに触れることが難しくなってきている**のです。

「それなら、新聞や本をたくさん読めばいいんじゃない？」と思う人もいるでしょう。確かに、以前なら「新聞や本を読んで語彙を増やそう」といった助言が定番でした。実際、棋士の藤井聡太さんの語彙力が注目されたとき、小学生の頃から司馬遼太郎の歴史小説など硬めの本を愛読していたことが紹介され、読書のすすめが喧伝されました。新聞や本に触れることは、語彙を豊かにしてくれるものの代表格だったと言えます。

ですが、現代のメディアには、読みやすさを優先し、漢字の使用を極力減らしたり、言葉を簡単にしたりすることをよしとするものも出てきており、新聞や本が語彙力に直結しているとは言えなくなってきました。

その理由の1つは、新聞や雑誌、書籍の文章がネット上に掲載されるようになったことです。ネット記事で重視されるのは「クリックのされやすさ」や「離脱率（ユーザーがそのページを最後にして離脱する割合）の低さ」。わからない言葉があったときにわざわざ辞書で意味を調

Yoshida's memo

言葉に絶対の正解はないが、誤用がSNSなどで広がりやすい時代なので、まめに辞書を引くなど自衛しよう。

べて戻ってくるようなまめな人は多くありませんから、**記事の途中で離脱されないよう、語彙がやさしいものになりがち**なのです。

見た目の印象の問題もあります。漢字はひらがなよりも画数が多く複雑な形なので、熟語をたくさん使っていると、紙面が黒っぽくなってしまいます。すると難しそうに見えて、読者に敬遠されてしまうのです。そのため、**難しい熟語はできるだけ使わないとか、漢字はできるだけ開く（かな書きにする）といったことが起きています。**

ほかに、物理的なスペースやデザインの問題もあります。新聞は紙面が改定されるたびに文字が大きくなっています。書籍の世界では、本を手に取ってもらいやすいよう、紙面の文字量を減らしたり、行間を広く取ったりなど、軽く見える装丁（ブックデザイン）が求められるようになっています。そうすると、1面・1ページに入れられる文字量は減るわけですから、表現に凝らず、簡単な言葉でシンプルに伝える方向になっていくのです。

このように、新聞や雑誌、本は読むときのストレスをできるだけ減らす方向に進んでいて、言葉の正しさよりも読みやすさが優先されるようになっています。**活字を読んでいるからといって語彙力が付くとは限らない時代になってきているのです。**そういう意味では、マスメディア上の言葉は硬くて正しいものであるという時代は終わったと言えるでしょう。

現代は正しい言葉、ちょっと背伸びした硬質な言葉に触れる機会が減り、逆に、一般人の誤用が目に入りやすい時代になっているのです。

日本人が気にする「敬語」上の世代が敬語に厳しいのはなぜか

「言葉の乱れ」で言えば、日本人がいちばん気にしているのは「敬語」であるという、文化庁の調査結果があります。

では、具体的に敬語のどのような部分に難しさがあるのでしょうか。

よくある敬語の誤りは3つのパターンに分けられます。

1つ目は、**尊敬語と謙譲語を間違えて使ってしまうこと。**「混雑が予想されますので、お早めにお越しください」と言わなければならないときに「混雑が予想されますので、お早めにお伺いください」と言ってしまうようなパターンです。

2つ目は、**敬うべきでない人を敬ってしまうこと。**社外の人と打ち合わせをしているときに「弊社の山田部長もよろしくとのことでした」と、社内の人に役職や「さん」を付けて敬ってしまうパターンです。役職は一種の敬語なので、この場合は「弊社の山田もよろしくとのことでした」と言わなければなりません。

そして3つ目は、**敬語を付けすぎてしまうこと**です。「何をお召し上がりになりますか」の

日本人の考える「言葉の乱れ」

国語がどのような点で乱れていると思うか

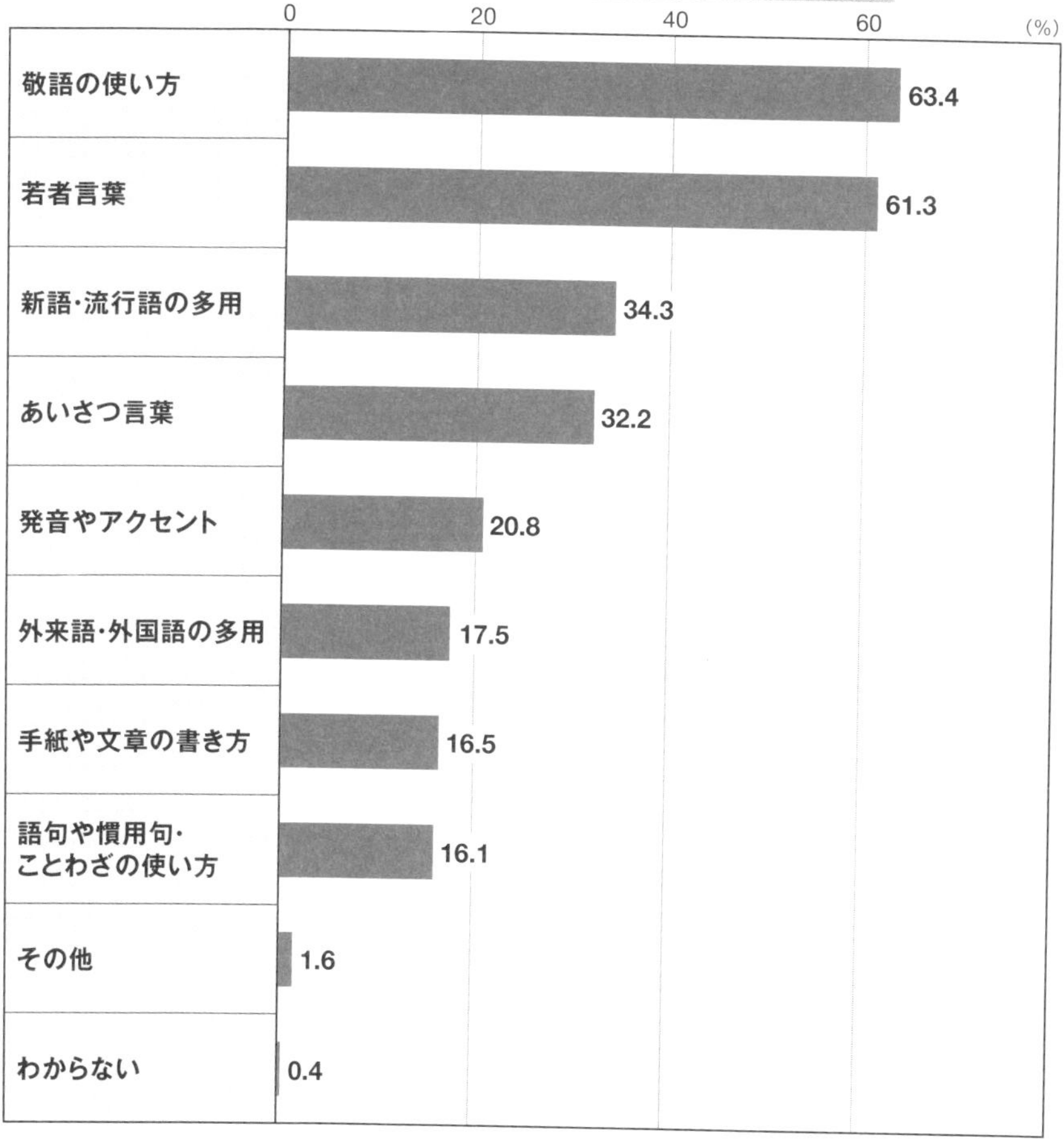

(文化庁「令和元年度「国語に関する世論調査」の結果について〈令和元年度「国語に関する世論調査」の結果の概要〉」をもとに作成)

国語が「非常に乱れていると思う」「ある程度乱れていると思う」と答えた人に「どのような点で乱れているか」と尋ねたときに際立ったのが、「敬語の使い方」と「若者言葉」という回答ような誤用です。本来は「何を召し上がりますか」でよいのですが、敬語の表現は使われていくうちに敬意の印象の目減りが起きるため（これを「敬意逓減《ていげん》の法則」と言います）、さらに敬意を込めようとして、敬語の付けすぎが起こるのです。「〜させていただく」という言い回しもその1つで、たとえば「息子が大学を卒業しまして」でよいところを、「息子が大学を卒業させていただきまして」と言ってしまうような誤用がよく見られます。

このような敬語の乱れを気にしているのは誰かと言えば、やはり年長の世代です。

なぜ、年長者は若い世代の敬語の使い方が気になるのか。その背景に、新卒一括採用で長期雇用が前提だった時代に社会に出た世代は、新人時代に一定のビジネスマナー研修を受け、社会人としての言葉づかいをきちんと学んでいるという事情があります。**この世代にしてみれば、適切な敬語を使えることは「常識」ですから、敬語が使えない人は「常識がない」と感じてしまう**のです。

昔は学校でも会社でも上下関係が比較的厳しかったことも、敬語を重んじる態度に関係しているでしょう（ちなみに、この世代は「自分より若い人にぞんざいな話し方をする」という別の問題を抱えています）。

その一方で、現在は新卒一括採用や終身雇用の慣行が崩れつつあり、一括研修を行う企業も減りました。「年上の新入社員」や「社歴の長い年下」も珍しくなく、どちらが先輩でどちらが後輩かも不明瞭になっている中で、社内での敬語の必要性が低下しています。28ページで改めて話しますが、LINEやSlack（スラック）の登場など、デジタル環境の変化でコミュニケーションの取り方が変わり、敬語を使う場面自体も減ってきています。海外の人とやり取りする人ならなおさらでしょう。

今の若い人は敬語を使う場面が減り、身に付ける機会が少なくなっているのです。

とはいえ、「だから若い世代は敬語が使えなくても仕方ない」と結論付けてしまうわけにはいきません。「漢字を正しく読めるか」という点にも共通するのですが、**本来はそこで本質的な仕事の能力が測れるわけではないのに、敬語が正しく使えないと「教養がない人」「社会人としてきちんとトレーニングされていない人」のように見られてしまう恐れがある**からです。

謝罪会見をする人がポロシャツを着て現れたら、どんなに真摯に謝罪しても、「謝罪会見でスーツも着ない人なんてあり得ない、謝る気がないのだ」と、聞く耳を持ってもらえません。敬語が使えないことはそれと似ていて、「敬語もまともに使えない奴なんて信用できない」と、相手に突っ込みどころを与えてしまうことになります。それだけで評価を下げるのは、あまりにもったいない話です。本来の仕事の能力を見てもらうためにも、敬語はきちんと身に付けておく必要があります。

敬語を学んだり使ったりする機会は減ってきていますが、特に上の世代においては、敬語が使えることはまだ「常識」なのです。

日本人の活字離れが起こっている？月に1冊も本を読まない人は半数近い

言葉についての議論ではよく「活字離れ」という話題も登場します。「今の人は活字（本）を読まなくなった」という話です。

確かに、**書籍や雑誌という意味では、全体として活字を読む量は減っています。**文化庁の調査によると、左ページのグラフにある通り、1カ月に1冊も本を読まないという人は全体の半数近くに上ります。また、7割弱の人が「読書量は減っている」と回答しており、本離れが進んでいるということは言えそうです。

ですが、本離れがそのまま活字離れとは言い切れません。本が主要な娯楽であった昔と比べると、確かに読書量は減っています。ただ、昔は本しかなかったのでみんな本を読んでいたわけですが、今は、ネットニュースやX（旧ツイッター）、LINEの文章なども読んでいます。実は、**読んでいる文字の量自体は増えている**という人もたくさんいるはずです。

ところで、私は普段、古典をよく教えているのですが、古語辞典の収録語数は一般に5万語にも届かない程度です。その語数で不足を感じることはありません。それに対して、国語辞典は一般的なものでも8万語前後と多く、それでも載っていない語にしばしば気付きます。大き

Yoshida's memo
ネットニュースなどを含めれば活字には多く触れていても、高度な言葉に触れる機会は減っている。

めの『広辞苑』（岩波書店）であれば25万語も掲載されています。**大きな時間軸で見れば、外来語や新語が取り込まれ、日本語の語彙は増えているように**感じます。

とはいえ、先ほど述べたように、新聞や本で使われる語彙が平易なものになってきているのは事実ですし、インターネット上の文章、特にSNSは、内輪向けの言葉で書かれています。内輪向けの言葉とは、家族や友人同士のくだけた言葉、あるいは同じ趣味の人同士でしか通じない語彙が含まれる言葉のことです。これらの文章を読んで社会人が仕事で使えるような語彙が身に付くかというと、それはまた別の話でしょう。言語として単語の数量そのものは増えていても、一人ひとりの大人らしい語彙力が向上しづらい状況であることには違いありません。

本を読まなくなった日本人

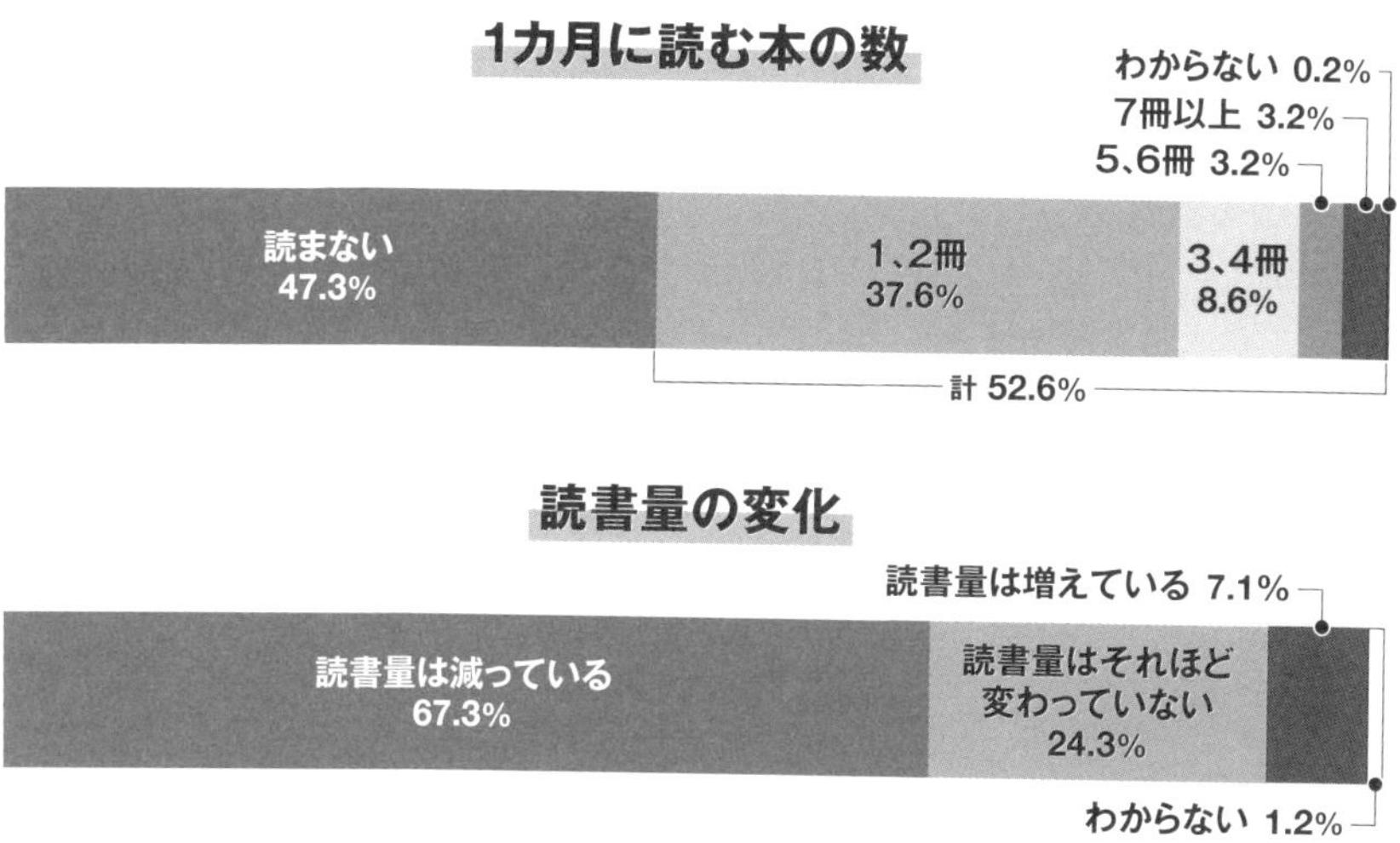

（ともに文化庁「平成30年度「国語に関する世論調査」の結果について〈平成30年度「国語に関する世論調査」の結果の概要〉」をもとに作成）

1カ月に1冊も本を読まない人は全体の半数近くに上り、7割弱の人が「読書量は減っている」と回答している

新しいツールにSEO文法インターネットが日本人の言葉を変えている

日本の職場にパソコンが普及したのは、Windows95を契機とし、2000年前後のことでした。それまでは、仕事のコミュニケーションの手段には対面あるいは電話、手紙、FAXくらいしかなかったわけです。やがてパソコンが1人1台支給される職場が増え、メールも一般的になりました。ただ、メールで連絡を取るにしても、仕事上は丁寧で改まった言葉でやり取りするのが普通でした。

しかし、コロナ禍を経てMicrosoft Teams（マイクロソフト・チームズ）やSlack（スラック）などのコミュニケーションツールが広まり、同僚同士がLINEで連絡を取ることも増えた中、社内では、**チャット感覚で気軽なやり取りがなされる**ことが増えてきました。

すると、内勤で社内の人としか関わらない人たちの中には、仕事のやり取りでも、くだけた言葉やスタンプしか使わないという人も出てきます。そういう人々が部署異動などでお客さんや取引先の人に接しなければならなくなって、急に困ってしまうという事態が起こっています。**社外の人と話すときの語彙を習得できていない**ために、どう話したらいいかわからないのです。

このように、仕事のツールの変化も現代人の語彙力に影響を与えています。

ツールの変化で起こったこと

昔

差出人 yamada@xxxxx.co.jp
宛　先 花田花子
件　名 ミーティングの議事録の件

花田様

お疲れさまです。
昨日のミーティングの議事録について
お尋ねしたいのですが、
データはどこにアップされているか
ご存じでしょうか？

お手数ですがご教示のほどよろしくお願いいたします。

山田

今

山田太郎
昨日のMTGの議事録ってどこにありましたっけ？

花田花子
共有の202406にあったはず🙂
👍1　ありがと 1

鈴木一郎
ごめん！僕がさっき間違って削除しちゃって😱
まじか 2　どんまい 1

社内ではくだけた言葉でやり取りするようになってきた

情報収集も本からインターネット検索が中心になりましたが、ここにも思わぬ問題がありました。ネット上の文章は、**クリック数を稼ぐために言葉の意味が歪められている**ことが少なくありません。たとえば、芸能人が少しだけ涙を流すような場面があったときに、ネットニュースの見出しでは「タレントの○○、号泣！」と、強い言葉が使われがちです。「号泣」は本来、「大声をあげて泣くこと」の意ですが、それを知らずにこうしたニュースを見ていると、「号泣＝泣くこと」と誤解する人も出てきてしまうでしょう。

ＳＥＯ（検索サイトで特定の語句を検索した際に結果の上位に表示されるよう、ウェブサイトの内容を調整すること）対策も、ネット上の日本語が歪められている原因の1つです。

本来は、1つの文章の中で同じ言葉を何度も繰り返すのは文章力の低い人がすることだと考えられてきました。「とても細かく描き込まれており、とても美しい絵だった。とても感動した」ではなく、「非常に細かく描き込まれており、とても美しい絵だった。たいへん感動した」とするのがよい文章だとされていたのです。

ですが、検索エンジンにおいて、特定のキーワードを本文中で繰り返すと検索結果の上位に表示されやすいしくみがあったため、同じ言葉が意図的に繰り返されるようになったのです。

そのため、「皆さんは『齟齬』という言葉、見たことがありますか？　齟齬という言葉の意味や使い方、例文はどのようになっているのでしょうか？　ここでは一般に勘違いされやすい、齟齬の意味について解説したいと思います」など、「ＳＥＯ文法」とでも言うような文章が、

インターネットに歪められる日本語

大げさな見出し

Yahho!ニュース
タレント○○、号泣！
番組見てたけど、黙って涙流してただけです。
号泣してなかったよ

SEO文法

よーくわかる語彙

☆齟齬

皆さんは、「齟齬」という言葉、見たことがありますか？
齟齬という言葉の意味や使い方、例文はどのようになっているのでしょうか？
ここでは一般に勘違いされやすい、齟齬の意

インターネット上では、クリック数を稼ぐために
不必要に同じ語を繰り返した不自然な記事がある

ネット上で量産されています。

こうした文章や、英語から機械翻訳された文章をネット上で日常的に目にするようになったことで、私たちの「よい文章とはどんなものか」という感覚が歪む可能性すらあるのです。

また一方で、**ネットを使いこなすには、相応の語彙力が求められる**という難しい現実もあります。

その一例が、いわゆる「炎上」の防止です。

炎上には、ネットの「切り取りの文化」が影響しています。短くまとめなければならないネットニュースでは、前後の文脈がカットされた発言が書き起こされることがよくあるのです。たとえば、芸人さんがラジオ番組で共演者に対し「アホやな（笑）」と言ったとします。この直前まで相手を褒めていて、「アホやな」が明らかに親しみを込めた言い方で、言われた側が「ほんとそうなんですよ（笑）」と朗らかに受け止めたようなものであったとしても、ネットニュースとして「アホやな」と言った部分を中心として書き起こされると、切り取った発言だけが捉えられて「けしからん」と炎上してしまうのです。

ネットニュースやSNSなど、テキスト（文字）での情報伝達や交流が増えている時代なので、何か発言をする際には「自分はこういうつもりだけれど、この表現で別の解釈をされる可能性はないだろうか?」と立ち止まって考える姿勢、自分の発言がどう受け取られうるか多角的に検討する姿勢、つまり、リスクを想定する能力が必要になってきています。

ChatGPTなどのAIを使いこなすにも、語彙力は必要です。

使う側に**語彙力がないと、AIの出してきた文章が妥当かどうかを判断することができません。**たとえば、納期が遅れることについて取引先へ謝罪文を書いてもらったときに、出てきた文章に不備がないかを確認できる程度の語彙力を人間の側で持ち合わせていなければ、とんでもなく失礼な表現の文章を取引先に送ってしまいかねません。

そもそもAIに指示を出すにも語彙力が求められます。結局、AIにも言葉を通じて命令を出さなければならないからです。

「AIにネコの絵を描くよう指示を出したら、こんな変なネコが出てきました(笑)」とネタにする人がいましたが、今や的確な指示さえ出せれば、的確な絵が出てくるようになっています。

今となっては、的確な絵が出てこないと言っている人は、AIの使い方の下手さを自ら露呈している状態になってしまっているのです。

Google翻訳などの翻訳ツールにも言えることですが、言葉で指示をするツールを使いこなすには、まずベースとなる語彙力が必要なのです。

Yoshida's memo　ツールは変われど語彙力は必要。言葉の易化の波に抵抗しよう。

語彙力を付けたい若手社員、教えるのが怖い先輩社員

職場の文化が変わってきたことも、特に若い人の語彙力に影響を与えています。

若い人たちを見ていると、「語彙力なんて必要ない」と思っている人はごく一部で、むしろ20代の人たちのほうが、40~50代よりも「言葉を覚えたい」という意欲は強いように感じます。

その一方で、今の職場には、**そんな若手を教育しようという人がいなくなってきている**のです。

昔であれば、上司や先輩が若い人を指導していました。それは言葉づかいの面においてもそうで、それこそ「てにをは」まで細かく注意されるようなことがあったわけです。

ですが、今は上の世代も「注意したら心を病んで辞めてしまうのではないか」「パワハラと言われて訴えられたら困る」などと「加害者」になることを恐れています。傷付けるかもしれない、逆恨みされるかもしれないというリスクを負ってまで教えてあげようという上役が減っているのです。

「言葉を覚えたい」と思っているのに教えてくれる人がいないため、若い人はインターネット検索に頼らざるを得なくなっています。しかし残念ながら、**そもそも基礎的な語彙力を持ち合わせていない場合、ネットで見つけた表現が適切かどうかも判断できません。**検索して出てきた表現をそのまま持ってきてしまうので、結果として場面にそぐわない言葉づかいをして、

コミュニケーションがぎこちなくなってしまっています。

私が以前に執筆の仕事をしたときのことです。比較的短い記事を30本ほど書くという仕事で、20代後半くらいの担当者とたびたびやり取りをしていました。

私が原稿を1本送るたびに、その担当者からは「玉稿を拝受いたしました」とメールが届いたのですが、私にはその表現が引っ掛かって仕方がありませんでした。

これが村上春樹さんの新作短編小説ならば「玉稿」と称するのもわからなくはないのですが、当時私は30代前半で、一般の方に向けた本や記事の執筆を始めたばかりの新人著者。編集担当と年齢もほとんど変わりません。そんな私の5000字ほどの実用コラムに、毎回「玉稿を拝受いたしました」と返ってくると、大げさな感じがして違和感があったわけです。

おそらくその方はよい言葉づかいをしようと考え、「丁寧なお礼の言い方」などで検索して、「玉稿を拝受」という言い回しにたどり着いたのではないでしょうか。気を遣ってくれたことはよくわかったので、ここで不自然な敬語の例に挙げるのは申し訳ないのですが、過剰な丁重さに落ち着かない気分になった経験でした。普段から自然に敬語を使える語彙力の人でないと、検索で出てきたフレーズがこの状況に適切なのかどうか、自分で気付けないのだとわかりました。

言葉づかいに関するネット上の記述には「目上の人に『お疲れさまです』は失礼です」など根拠のない説を断定的に述べているものがとても多いので、こういった記述の妥当性を判断するためにも、最低限の語彙力を持っておくことが必要になります。

Yoshida's memo 検索は元々の語彙力がある程度なければ使いこなせない。

知らないうちに損をする！ 語彙力がないと何がまずいのか

ここまで、言葉を巡る現代人の状況について見てきました。日本人皆が皆活字離れをしているわけではないものの、正しい言葉を身に付けられる機会が減っており、逆に誤用を目にする機会は増えている。新しく生まれたツールを使いこなすにも語彙力が求められる一方、実際に言葉を教えてくれる人は少ない。つまり、**自分で意識的に学習に取り組まないと、語彙力が低くなりがちな状況にあるわけです。**

では、語彙力がないと実際にどういう不利益が生じるのでしょうか？ ここでは次の3点を挙げておきたいと思います。

①得られる情報が偏る
②年齢相応の信頼感が生まれにくい
③悪気なく相手を怒らせてしまう

まずは1つ目の「得られる情報が偏る」について。43ページで改めて説明しますが、そもそも言葉を知らないと本が読みこなせませんので、それによって情報源に偏りが生まれます。

この「偏り」には2つの意味があり、その1つが、**深い情報にたどり着けない**ことです。語彙が貧しいと硬質な専門書は読めませんから、何か知りたいことがあっても、表面的な情報しか取り入れることができません。

もう1つは、**情報の取り入れ方が受け身になりやすい**ことです。複雑な内容の本が読めなければ、情報源はテレビや動画に偏りますが、映像を見るという行為は受け身になりがちです。

本の場合はネット書店も存在するものの、基本的には書店でたくさん並んでいるものの中から読みたいものを選ぶため、自分で主体的に選び取ることになります。読むという行為は能動的なので、映像メディアに比べれば批判的に検討する目も持ちやすくなっています。

一方で動画は、自分の視聴履歴に応じて関連動画が次々にレコメンド（おすすめ）されます。するとどうしても、レコメンドされたものを見てしまうので、何を見るかという意味でも受け身の姿勢になりやすいのです。さらに言えば、似たような内容をたくさん見ることになって見方が一方に偏るというエコーチェンバー現象が起きやすいですし、映像や音声など刺激も多いため、ずっと見ていると深く影響を受けやすいという問題もあります。

次に、2つ目の「年齢相応の信頼感が生まれにくい」ことについて。不祥事で企業のトップや著名人が会見を開くときのことを思い出してみてください。このような場合に**年齢相応の言葉で語ることができないと、仕事の能力だけでなく人柄まで疑われて、信頼を失います。**

これは一般人でも同じです。特に「謝罪」や「拒否」のような、いわゆる深刻で気まずい状況で起こります。仕事で取引先がトラブルを起こし、相手方の担当者が謝罪に来たとします。そのときに「いや、本当、マジでよくなかったと思ってるんですよね」と謝られたら、どのように感じるでしょうか？

語彙力の低さは、このようなときに「誠意がない」「反省していない」という印象につながりやすいのです。

深刻で気まずい状況からは少し離れますが、語彙力のない人には説得力もありません。商品を見ているお客さんに「これ本当にいいんですよ」と単純に連呼していても、買ってもらえる可能性は低いでしょう。ジャパネットたかたの創業者である髙田明さんが注目されたのは、その話術で商品を魅力的に見せる表現力を持っていたからで、その表現力のベースにあるのは、やはり語彙なのです。

信頼感という観点では、**業界用語がわからない、業界用語を誤って覚えているというのは、自分の評価に致命傷を与える**場合があります。

以前、文部科学副大臣を務めていたある政治家が、「教諭《きょうゆ》」をずっと「きょうろん」と読んでいたことが報道されました。

ほかの省庁ならまだしも、文部科学省の関係者であれば、仕事でさまざまな人と話をする中で、「教諭」という言葉は必ず出てきているはずです。この政治家は政策のことをまったく勉強していないのではないか、本当に文部科学副大臣を任せてよいのだろうかと、私は不安になりました。

「教諭」を「きょうろん」と読んでしまうのは、一般的な知性の意味でも不安がありますが、この場合はそれだけの話ではありません。

自分のなすべき仕事に関連する用語を知らないということは、単純に「漢字の読み方間違えちゃった、てへ」で済まされることではなく、**その仕事に対する熱意や専門性を疑われる材料になってしまう**のです。

3つ目の「悪気なく相手を怒らせてしまう」ことについても考えてみましょう。

ここで1つ質問です。皆さんは、目上の人に面と向かって「○○さんって要領いいですよね」と言いますか？

——言いませんよね。

「要領」を辞書で調べると「物事をうまく処理する方法」といった意味が出てきます。一見褒めているようですが、この言葉は、実際にはそれだけではなく、「表面的にうまく乗り切っている」という印象も与えてしまうのです。

本人のいないところで「○○さんってけっこう要領がいいよね」と言うことや、後輩に対して「○○さんは要領がいいから、30分もあれば終わるんじゃない？」などと言うことはありますが、先輩や上司、取引先に面と向かって「あなたは要領がいい」とは伝えないわけです。

単語集のようなもので言葉とその意味を見るだけで、**実際の用例に触れずに勉強していると、言葉の使い方を誤ってしまうことがあります。**言葉を表面的にしか理解できていないため、褒めているつもりでマイナスのニュアンスが伴う言葉を使い、知らないうちに人を不快にさせてしまう事例は、実は割とよくあることなのです。

私のいる塾業界では、学期末などに生徒にアンケートを取ることがあります。講師や授業についての感想を書いてもらい、それを講師や運営職員が読んで、さらなる改善に役立てるという意図のものです。

そのアンケートに「吉田先生はなかなか授業がうまいですね」と書いてあったりするのを見ることがあります。思わず「きみはうちの塾の偉い人か！」と突っ込みを入れたくなりますが、書いてくれた生徒はおそらく悪気はまったくないわけです（きっと褒めてくれたのでしょう。それならば「吉田先生の授業はためになりました」とか、「楽しい授業でした」などと言い換えるのがよいですね）。

このように、場面に応じて適切な言葉が使えなければ、自分ではまったく悪気がなかったとしても、人を怒らせたり、信頼を失ったりしてしまうことがあるのです。

Yoshida's memo
語彙力がないと、得られる情報が偏ったり、年齢相応の信頼を得られなかったり、悪気なく相手を怒らせたりしてしまうので注意!

語彙力がないと困ったことになる

① 得られる情報が偏る

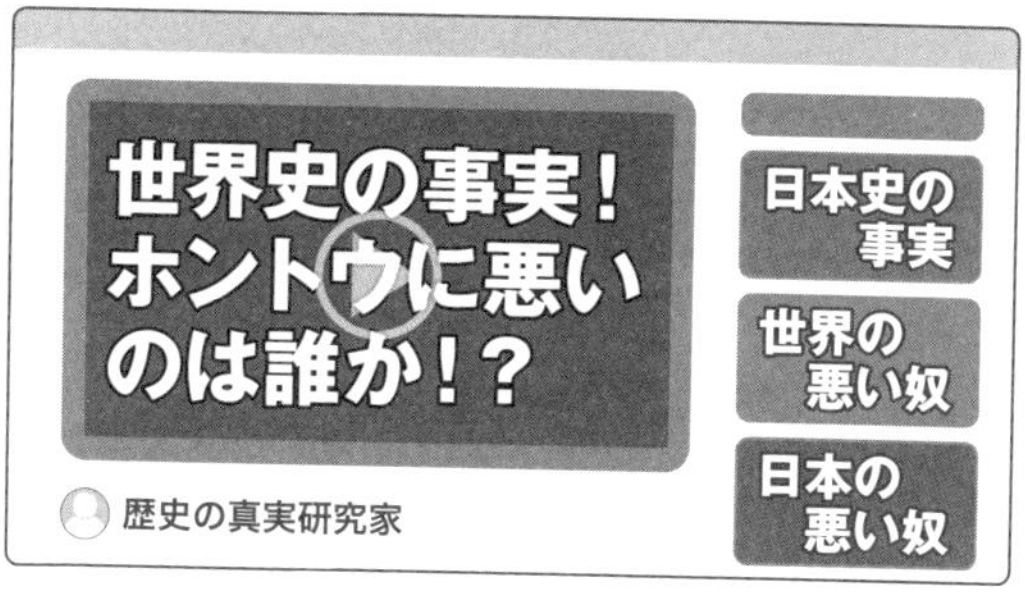

② 年齢相応の信頼感が生まれにくい

③ 悪気なく相手を怒らせてしまう

語彙力の欠如がさまざまな不利益を生む

語彙力があることのメリット①
情報収集力が上がる

塾で教えていると、語彙力が情報を得る力に如実に影響していることを実感します。

塾では学力レベル別にクラス分けをしていることが多いのですが、上のクラスになるほど、生徒は黒板を見ません。耳で聞いてわかるので、黒板ではなく手元の教材のほうを見ながら、講師の言ったことをどんどん書いていくのです。いちばん上のクラスともなると、講師が板書している時間すらもったいない、早く話してくれ、という雰囲気があります。

一方で、基礎的なクラスになると、耳で聞いただけではメモができないので、講師の板書が必要になります。単純に漢字そのものが書けないこともあれば、言葉を知らないために、耳で聞くだけでは意味がわからなかったりするのです。漢字がわからず、電子辞書で調べているうちに授業が進んでいて、何を話しているのかについていけなくなった、という生徒もいます。結果的に基礎的なクラスの授業では話の内容の多くを黒板に書くことになりますが、そうすると1コマの授業の情報量は上のクラスよりも、かなり少なくなってしまいます。

語彙力を身に付けておけば、話を聞くだけでたくさんの情報を得られるようになるので、情報収集の速度や密度が上がります。情報を得る手段も多様化でき、**情報収集の効率が高まる**のです。

そもそも文章を読んで知識を得るというのは、語彙力があって初めてできることです。英語について言えば、私たちはこのことをよく理解しています。単語の意味を知らなければ、"I read an interesting book."（私は面白い本を読んだ）というごく短い英文すら、理解することができません。それゆえ私たちは学生時代、一生懸命に英単語を覚えたわけです。

これは、日本語においても同じ。小学生のときに取り組んだ漢字ドリルを思い出してみてください。学年ごとに習う漢字が決まっていて、学年が上がるにつれて読み書きできる漢字が増えるしくみになっていましたよね。漢字だけでなく、語彙も、年齢が上がるにつれて豊かになっていくものですし、そうあるべきです。「いやだ」としか言えなかったところから、「許せない」「看過できない」などと表現がだんだん増えていくものなのです。

こうして語彙が豊富になっていくと、より難しい本に取り組めるようになります。**「あかるい」「元気」しかわからない子どもと、「明朗」「快活」が理解できる子どもとでは、読める本の幅がだいぶ変わってくる**ことは、想像に難くありません。これは大人も同じですね。

インターネットが普及した現在でも、情報収集の手段として考えた場合、本はかなり優秀なツールです。動画と本を比べた場合、一般的には本のほうが情報量の面で優れています。語彙力を付けてより難しい本を読めるようになれば、動画を見るよりもずっと効率よく情報を集められます。

動画で学ぶこと自体は否定しませんが、短い動画ではどうしても、キーワードを断片的に学ぶという学習法になりがちです。

たとえば投資の方法を解説した動画はたくさんありますが、視聴するのに必ず一定の時間を取られてしまううえ、体系的・網羅的な情報を得られる動画は多くありません。注目を集めるために、極端で過激な話題だけに言及する動画も多いものです。

また、「そもそもＮＩＳＡとは何か」という動画を見たあとに、「じゃあ、結局どの会社で新ＮＩＳＡの口座を開設すべきなのか？」と思えば、別の動画を改めて探さなくてはなりませんが、目当ての動画がすぐには見つからないこともあります。いざ見てみたら、前に見た動画と内容の重複があってうんざりすることもあるでしょう。

これが本であれば、情報が1冊に整理されてまとまっている入門書が出ており、目次を見ればどこに何が書かれているかもすぐにわかります。すでに知っていると思った内容に関しては、その章・節を飛ばすのも容易です。したがって、**ある程度体系的に学びたいと思った場合は、本で勉強するほうが効率がよい**のです。

「動画は2倍速で聞けるから、読書をするより効率がいいと思うけど」と考える人もいるかもしれませんね。確かにそれも一理ありますが、**2倍速で情報を吸収しようと思ったら、2倍速にきちんと反応できる語彙力がなくてはならない**、という注意点があると思います。

これも英語に置き換えるとわかりやすいのですが、同じ英文でも、英語の学習教材として聞き取りやすいスピードで読まれている音声と、一般のネイティブが普通に話している音声とでは、聞き取りやすさがまったく異なります。知っているつもりの単語でも、早口でしゃべっているとわからないということは往々にしてあります。

ナチュラルスピードの英語を聞き取るにはより確固たる語彙力が求められるわけですが、これと同じことが日本語にも言えます。友人の早口のおしゃべりなら日常レベルの語彙なので聞き取れるにしても、専門的な語彙も登場する講義は、速く再生すると聞き取れないということが起こるのです。

少し話がそれますが、耳から情報を得

語彙力は読める本のレベルを高める

むかしむかし
あるところに、
おじいさんと
おばあさんが
すんでいました…
高瀬舟は京都の
高瀬川を上下する
小舟である。徳川時代に
京都の罪人が遠島を
申し渡されると、本人の
親類が牢屋敷へ呼び
出されて…

語彙が豊富になると、より難しい本に取り組める

るメディアとしてオーディオブックがあります。

私は、オーディオブックを使いこなすには、相当な語彙力が必要だと思っています。同じ耳で聞くメディアでも、ラジオはそもそもが「聞く」ためのものであるため、話し言葉が使われますが、オーディオブックの場合はもとになっているのが本です。本は「目で見て読む」ことを前提に作られています。ですから、使われている語彙にしても文の構造にしても、実は耳で聞くのにはあまり向かないのです。

語彙力が乏しいうちは、一度、目で文章を読んだうえで、復習・定着のためにオーディオブックを聞くという活用法がおすすめです。

耳で聞くメディアは「通勤しながら」「家事をしながら」などの「ながら聞き」ができるというメリットがあります。しかしそもそもの語彙力がないと、実は情報をかなり聞きもらしてしまっていて、聞いているようで聞けていないことが少なくありません。

先ほど述べたように、動画や音声で情報収集すること自体は否定されるものではありませんが、**本を普通に読める程度の語彙力は持っておいたほうが、動画やオーディオブック、講演などほかの形態からの情報の吸収力も上がります。**効率のよい情報収集には、基本的な語彙力がものを言うのです。

Yoshida's memo

知らない言葉は聞き取れない。動画や音声での情報収集にも語彙力が力を発揮する。

情報量は本が優れている

	動画	本

学び方	キーワードを学ぶ	体系的に学ぶ
時間あたりの情報量	少 （20分の動画を見るには20分必要） 	多 （読む速さにもよる） 
情報の一覧性	低 （検索で探す必要あり） 	高 （目次、さくいん、見出し） 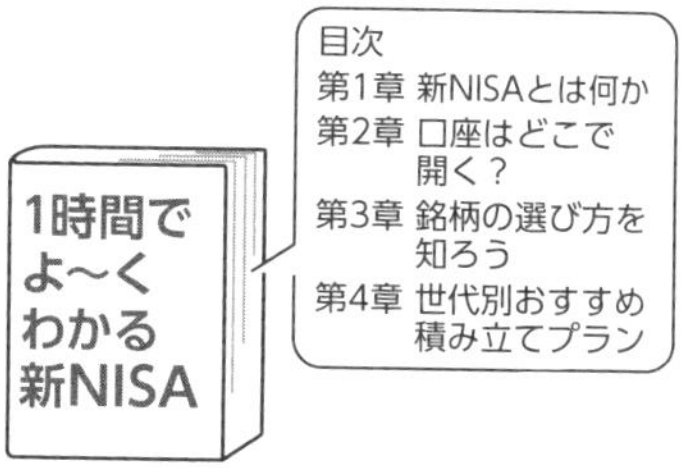

体系的に学ぶ場合、本のほうが効率がよい

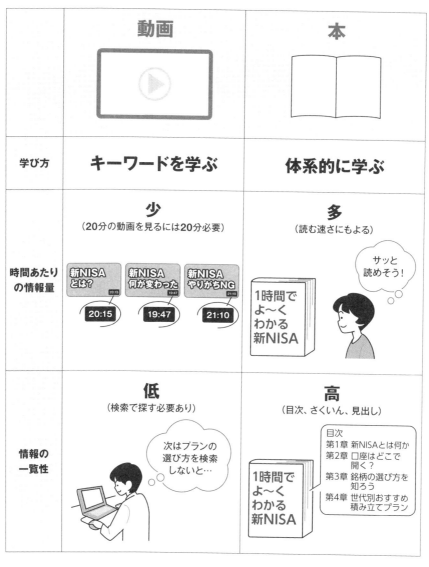

語彙力があることのメリット②
思考や言葉の解像度が上がる

単純に「いいね」や「バッド」で片づけられない細かな気持ちを見つめるためには、頭の中に語彙が必要です。語彙力を付けることの2つ目のメリットは、**より複雑、より繊細な思考ができるようになる**ことでしょう。

LINEを使っている人なら、「ちょうどいいスタンプ」を探す作業をしたことがあると思います。

たとえば「実は入院していました」という投稿に、「見たよ」という意味でスタンプを押したいのだけれど、「いいね」はちょっと違うな…と悩むようなときがありますね。

映像や文章などの作品を見たときでもよいですし、日常の出来事でもよいのですが、「なんか嫌だな」と思うことがあったとします。

嫌悪感とまでは言えないけれど、何か違和感があるというとき、「快・不快」「楽しい・つまらない」という単純な語彙しか持っていなければ、思考は深まりません。違和感を掘り下げようとするなら、「心地よい」「虫が好かない」「興ざめする」などの感情を表す言葉や、「潜在」「典型」といった抽象的な熟語を知っている必要があります。

自分の感情を分析したり、論理的に思考したりするには、語彙力の助けが必要なのです。そういった語彙を持っていないと、感情や思考は「いいね」か「バッド」の2択にならざるを得なくなり、解像度が低くなってしまいます。

言葉は物事を見るための窓にもなります。イライラしてキレてしまいがちだった人が、本を読んで言葉を勉強したら、自分の気持ちや状況を言葉でちゃんと伝えられるようになって落ち着いたという例もあります。言葉を知ったことで感情を表現する力や思考力が付き、内省したり、周りの人に自分の置かれた状況を説明したりする力が身に付いて、発言や行動が変化するのです。

これと同じように、**世の中のさまざまな事象への理解を深めるときにも、概念を理解するための言葉を知っておく必要があります。**

たとえば、「モラルハラスメント」という言葉は30年前には存在しませんでした。モラルハラスメント、略して「モラハラ」は、フランスの精神科医マリー＝フランス・イルゴイエンヌが提唱した概念で、日本で紹介されたのは同氏の著書が翻訳出版された1999年のことです。

今ではこの語が一般的に使われるようになりましたが、この言葉を知る前の人々は、身近に人の気持ちを無視して抑圧的な言動・行動をする人がいても「なんだか嫌だなあ…」と思うだけで、これがどういう状態であるのか的確に把握することはできませんでした。

ですが、モラルハラスメントという言葉が広まった結果、「あの人から怒られるのは自分が悪いからだと思っていたけれど、もしかして私はモラハラを受けているのではないか」と自覚する人が増えてきました。

自分の置かれている状況が理解できると、「これはモラハラだから、こういうふうに対処しよう」と、その状況を脱するためのアイデアや、解決策を探すための「検索ワード」が見えてきます。すると、これ以上傷付くことのないよう自分を守ることができますし、状況を変革する段階に進むこともできるようになります。

これはセクハラやパワハラも同じです。ハラスメント関係の話だけでなく、世の中のさまざまな課題において同じことが言えます。「ワンオペ」もそうですね。ワンオペという言葉が広まったおかげで、1人だけで飲食店を切り回したり、家事育児を担ったりするのはたいへんなことなのだと、世の中の理解が進んで、解決するためのしくみが考えられるようになったわけです。

何か困った事態に陥っているときに、本当の原因はどこにあるのか、解決するためには何をしなければならないのかを突き詰めていくためには、概念を表す言葉を知っておかなければなりません。

そして、それを人に伝えられるところまで掘り下げようと思ったら、やはり語彙力に基づいた表現力が必要なのです。

Yoshida's memo　語彙力は思考力と表現力の要。

語彙が豊かであるほど複雑な思考ができる

語彙の乏しい人

語彙の豊かな人

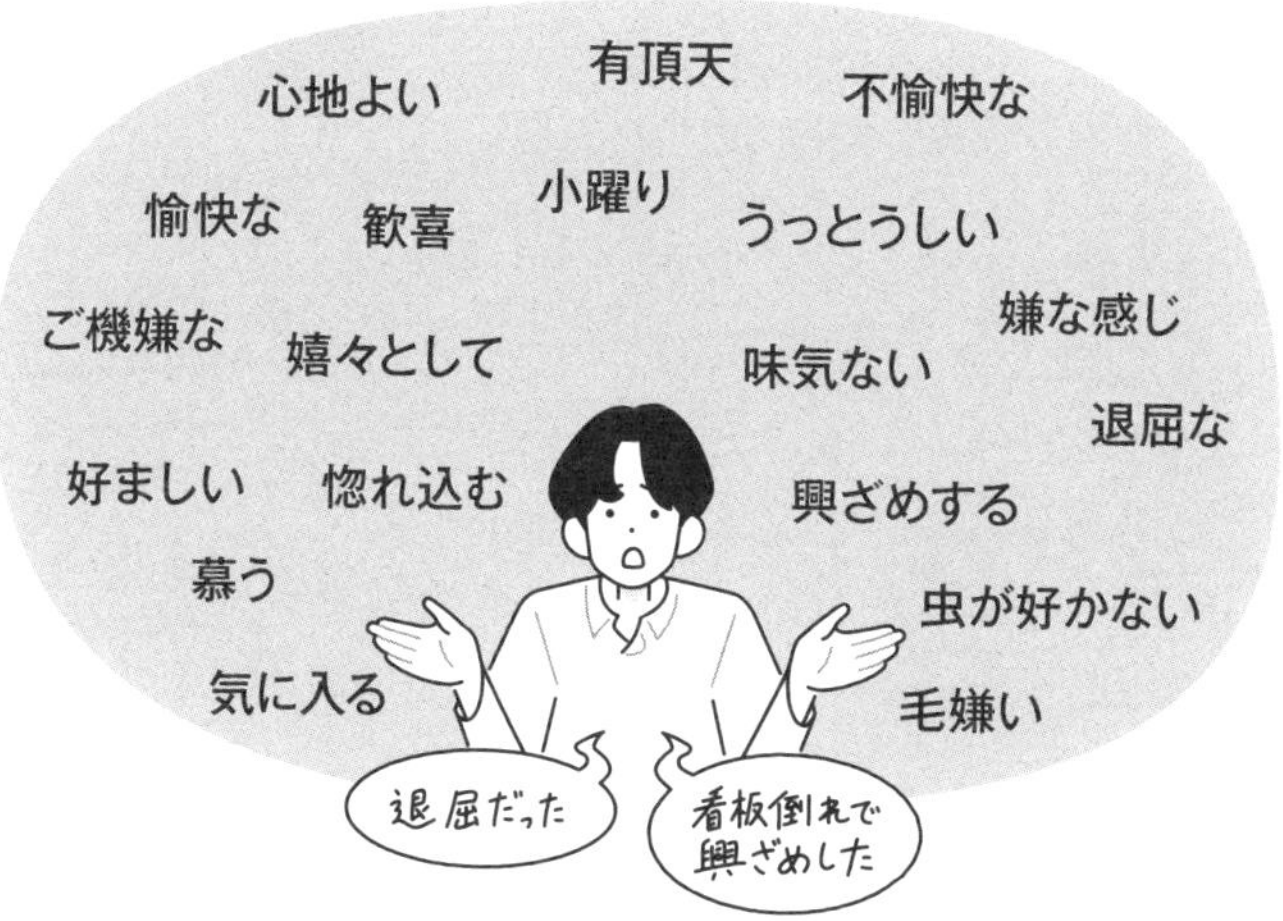

語彙が豊富であれば、自分の感情や思考に
合致するワードを見つけやすくなる

語彙力があることのメリット③
チャンスをもらえて出会える人が変わる

塾講師としてアルバイトの大学生たちを見ていると、「この学生は生徒の親御さんに直接電話を掛けさせても大丈夫だな」と感じられる講師と、「この学生に直接電話を掛けさせるのは不安だから、やっぱり社員が代わりに掛けたほうがよさそうだ」と感じる講師がいます。

この差はどこで生まれるかというと、仕事用の文言の語彙力です。場面に応じた適切な言葉づかいができるかどうかが、表に出して大丈夫な人であるかどうかの基準になるのです。「いつもお世話になっております」「夜分に恐れ入ります」「ただいまお時間よろしいでしょうか」といった大人の表現がすらすらと出てくる学生であれば電話業務を任せられますが、「もしもし」「えーっと、何か電話をもらったとのことで、あの、掛けてるんですけど」という言葉づかいの学生には仕事をお願いすることができません。つまり、前者のような語彙力があってこそ、挑戦させてもらえる仕事の幅が広がり、職場で成長することができるのです。

ある程度きちんとした言葉を使えることは、大人のコミュニケーションに入るためのパスポートになります。

語彙力を付けることの3つ目のメリットは、出会える人、付き合える人が変わるということです。

最近は上司や先輩が若い人に率直なダメ出しをすることが減っているので、言葉づかいが幼くても「なんだ、その話し方は」と注意されることはほとんどありません。指導する代わりに、重要な仕事の機会をはずされていくだけです。

フラットな社会になっているように見えて実際には、**「普段どのような言葉を使っているか」「場面に応じて語彙のレベルを調整できるか」といった点で、知性や品性がひそかに測られている**という事実があります。具体的な仕事の知識や作業の質というのとは別のところで、「仕事ができそうか」「信頼できそうか」が見定められているのです。ですから、適切な仕事上の語彙を使えるかどうかは、実はチャンスをもらえるかどうかにつながっています。

話し方は周囲に見られている

あの人のメール
マジあり得ないっスよね
そ、そうね…
ないな…
ちょっと困っていまして、相談に乗っていただけませんか？
もちろんだよ
彼なら大丈夫！

普段の話し方や語彙のレベルで知性や品性がひそかに測られ、チャンスがもらえるかどうかに影響する

取引先との会食に、誰か若い社員も連れて行こうということになった場合を例に考えてみましょう。

候補に挙がった若手社員がきちんとした言葉づかいができる人物であるならば、「彼／彼女なら大丈夫だ」と会食に連れて行ってもらえるでしょう。すると、初対面の人と交流できて人脈が広がるかもしれませんし、仕事や人生のヒントになる大切な話を聞けるかもしれません。

一方、言葉づかいが子どもっぽいから何か粗相をしそうだと思われていると、「彼／彼女は心配だからやめておこう」となってしまいます。そうすると、その若手社員はチャンスを逃してしまうことになるわけです。

このように、**きちんとした言葉を使えるかどうかによって、出会える人、聞ける話が変わってくることがあります。**語彙力の有無が、チャンスをもらえるかどうかを左右するのです。

立場が上の人から機会をもらう場合だけでなく、自分自身で動く場合にも、語彙力がないと「自分は敬語がうまく使えない」といったことが気になり、前に出るべきときに出て行けなくなります。

そもそも人見知りで、性格的に人前に出られないという人もいますが、「仕事で初めて会った人にはこんなふうにあいさつすればよい」とか「仕事で電話を掛ける際にはこんなふうに用件を切り出せばよい」とかいう決まり文句がわかっていれば、少なくともあいさつはできるわけですよね。

初対面の人や目上の人の前に出たときに**どういう言葉で話せばよいか知っていることは、対人コンプレックスを減少させます。**

初めてアメリカに行くという場合を想像してみましょう。初めてでも英語がある程度話せるならば、カフェの店員さんに注文を伝えるときでも、通行人に道を尋ねたいときでも、物おじせずに堂々と話し掛けられます。必要な英会話のフレーズの知識があれば、いろいろな人に話し掛けて、用を済ませることができるわけです。

日本語だって言語の1つですから、考え方は英語と同じです。

コミュニケーション力の有無は天性のものだと思われている節がありますが、結局は、人と話すための言葉を知っているかどうかの違いでしかありません。言葉を学ぶという後天的な努力でコミュニケーション能力は伸ばすことができるのだと心得ましょう。

言葉に対する不安を乗り越えられると、できることが増えますし、堂々と振る舞えるようになります。決まり文句を知ることから始めて、台本がなくても話せるようになれば、会議や商談に臨む際の準備の時間が減って、業務が効率化できるでしょう。そして、ビジネスの語彙に自信が付けば、どんどん人前に出て行って、人脈を広げることもできるようになるはずです。

カジュアルな言葉づかいが広がっている今日だからこそ、きちんとした言葉づかいもできるのだということを印象付けられれば、安定感や信頼性の面で、同世代のほかの人に差を付けうるのです。

Yoshida's memo 語彙力は大人の社交や人脈につながるパスポート。

CHAPTER 1　IKEGAMI'S EYE

池上は、こう読んだ

書店で本を手に取ってもらえるようにするには、1ページあたりの文章を減らすべく段落替えを多用し、漢字もなるべく使わない。気が付くと、吉田先生が指摘するような本づくりを私もしていました。それが読者の語彙力を弱めていたとは。指摘されて初めて気付くようでは、「最近の若者の語彙力のなさ」について声高に語る資格はないですね。

今やAIとどう付き合っていくかが大きな問題になっています。AIへの質問の仕方によって返答に違いが出ることはわかっていましたが、そうか、聞き手の語彙力の問題だったのだ。「AIに聞いたら、こんなバカな答えが返ってきてね」とバカにしている人がいます（私も一員かも）が、自分のバカさ加減を自供しているようなものだったのですね。

セクハラという言葉が知られるようになって初めて、「そういえば昔私がされていたことは、これだったのか」と気付くことがあるでしょう。パワハラも同じこと。私も新人時代、上司からパワハラの被害を受けていたのか。語彙力が増えると、言葉という宝物を入れる容器が増える。容器を一段と大きくして、美しい言葉の数々を収集しましょう。

CHAPTER 2

語彙について知る

何を、どのように学ぶべきなのか

なぜ語彙力が必要なのかはわかった。
では、その力を伸ばすにはどうしたらいい?
語彙力のある人は何をどのように
学んでいるのか、見ていきましょう。

— LEXICOLOGY —

一生使わない言葉に余計な時間を費やさない方向性を決めて学び始めよう

今回、皆さんがこの本を手に取ったのは、語彙力に不安を持っているからでしょうか？　あるいは、ある程度自信を持ってはいるけれど、自分の持つ知識をさらに磨いていきたいという動機からでしょうか？

いずれにしても、語彙力を身に付けていこうと考えたときに、最初にしなければならないことがあります。それは**「学ぶ方向性を具体的に決める」**こと。語彙力を身に付けるといっても、「抽象的な概念がよくわからなくて、本を読むのが苦手」という人と、「会社でミーティングの話についていけない」という人では、何を学べばいいのかは異なります。

この方向性を間違えると、「新聞の時事問題を読みこなしたい」という人が、あまり記事に出てこない故事成語ばかりを学んでいる」とか「IT業界の知識が不足しているせいで困っている人が、雑学の本で『粁（キロメートル）』や『竕（デシリットル）』の読み方を学習している」とかいったミスマッチが起こってしまいます。

自分がどういう方面の語彙を磨きたいかを具体的にしないまま勉強を始めてしまうと、一生使うことのないような知識の習得に、多大な時間を費やしてしまう危険があるのです。

方向性を具体的に決める

語彙力を身に付けたい

↓

名作文学を読んで味わえるようになりたい	用語がわからなくて仕事で困ることをなくしたい	ニュースや新聞をきちんと理解したい
↓	↓	↓
熟語 慣用句 など	**業界用語 専門用語** など	**時事用語 政治・経済の用語** など

新聞を読みこなしたいのに故事成語ばかり学んでいる

方向性が決まると何を学ぶべきかが決まる。
方向性を誤ると使わない知識の習得に時間を費やしてしまう

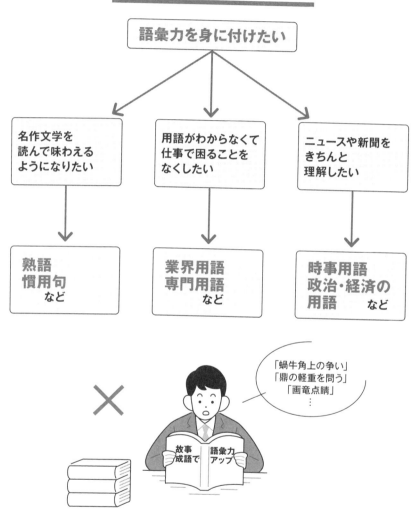

自分に必要な語彙とは？知っておくべき言葉の見極め方

残念ながら、「28歳の社会人ならば、これだけ身に付けておけば安心です！」というような絶対的リストはありません。どんな仕事をしているか、どんな日常生活を送っているか、どんな印象を持たれたいかによって、必要な語彙は異なるからです。また、語彙力は「これだけ身に付ければゴール」と完結するものではなく、一生磨き続けていくものです。

ですが、「自分にはどんな語彙が必要だろう？」と各人が考える際の判断基準ならあります。それが次の3点です。

①大人として年齢相応に知っておくべき語彙
②自分が働く業界、職種、会社の語彙
③トレンドワード

まず1つ目には、そもそも大人として年齢相応に知っておいたほうがよい日本語というものが挙げられます。それは、CHAPTER1で触れた「卑下する」の意味や正しい使い方といったように、大人の日本語知識として知っておきたい言葉もありますし、CHAPTER3で紹介する大和言葉「恐れ入ります」のように、礼儀作法の観点で知っておきたいものもあります。

では「年齢相応」の語彙とは何かと言うと、**「自分が一度でも見たこと・聞いたことのある言葉」は知っておこうというのが目安です。**読書や情報収集をしていて知らない言葉が出てきたり、先輩のメールや話などで見慣れない、聞き慣れない言葉が出てきたりしたら、それはあなたにとって知っておくべき言葉です。

見たことはあるけれど使い方がわからない、あるいは何となくわかっているような気はするけれど自信がないというような言葉はまだ自分の語彙になっているとは言えません。**普段の生活の中に出てくるよくわからない言葉はすべて、きちんと理解すべきと心得ておきましょう。**

次に、自分の働いている業界や職種、会社に特有の用語です。これを知っておかなければ、仕事を円滑に進めることができません。

出版業界で仕事をしているのに「この画像、RGBだったみたいだね。CMYKに変換しないと」と言われて「RGBって何だろう？　CMYKとは…？」といちいち引っ掛かっていては、仕事にならないわけです（ちなみに、いずれも色を表現するしくみのことです）。

新卒の新入社員ならば丁寧に教えてもらえても、中途採用で入社する場合は、実地で学んでいくケースが多くなると思います。となると、転職で異なる業界・職種に移る場合には知らない単語がたくさんあると覚悟したほうがいいでしょう。まずは入社前に、その業界に関連する本や、業界団体・役所がまとめた「白書」と呼ばれる資料を読んでおくのがおすすめです。

ただ、業界や会社の語彙を学ぶのに最も効果的なのは、**日々の業務のやり取りの中で文例や語彙を見つけ、記録することです。「言葉は現場に落ちている」**のです。慣れるまでは自分が直接関係していない書類やメールなども含めて、言葉を収集しましょう。仕事で使うパソコンにメモ用のファイルを作っておいて、知らない言葉をどんどんコピー&ペーストで溜めていきます。メモした言葉はインターネットで検索するなり、先輩や上司に聞くなりして語彙を増やしていきましょう。「聞くは一時の恥、聞かぬは一生の恥」です。

SNSも役立ちます。同じ業界の人たちをフォローするアカウント（趣味や友人とのつながりで使うアカウントとは別にするほうが使いやすいです）を作ると、業界特有の内輪の言葉を知ることができます。白書が表向きの言葉なら、SNSでは生の言葉が拾えます。

最後に知っておきたい言葉にトレンドワードがあります。これは**新聞やテレビのニュース、ネットのニュースに出てくる時事用語や、今売れているビジネス書に頻出する用語**のことです。

新しい用語の中にはあまり広まらずに消えていくものもありますから、すべての言葉が日本語として定着するとは限りません。ですが、今話題になっていることを知ろうと思ったら、トレンドになっている用語は押さえておく必要があります。こういった用語はニュースのほか、

Yoshida's memo 知っておくべきなのは①普段見聞きする語②業界・職種・会社の語③トレンドワード。

動画メディアの「PIVOT（ピボット）」「ReHacQ（リハック）」「NewsPicks（ニューズピックス）」や本の要約サービス「flier（フライヤー）」などで取り上げられていることが多いので、トレンドワードを身に付けようとする場合は、チェックするとよいでしょう。書店のベストセラーやビジネス書の棚を見に行くことも、トレンドワード収集につながります。

このあとの説明では、どなたにも適用されうるような一般的な語彙の身に付け方について話していきます。そうした学びの前提として、自分にとって必要な語彙の取捨選択はこのように判断するということは知っておいてもらえたらと思います。

自分に必要な語彙は?
1
大人として
年齢相応に
知っておくべき語彙
恐れ入ります
2
自分が働く
業界、職種、会社
の語彙
CMYKに
なっていない!
3
トレンドワード
ハルシネーションの
防止には…

3つのいずれかに当てはまる言葉は
あなたにとって必要な語彙

語彙力アップは短期＆長期で考える短期間で効果が上がる語彙の学び方とは

「語彙力を伸ばしたい、それもできればすぐに」と考えたときに、何をどうすればよいのか。それについて話す前に、そもそも「語彙力がある状態」とはどういう状態なのか、ここで定義しておきましょう。

語彙力と言うと、とかく、

「『梅檀』という漢字は何と読むでしょう？」（解答：せんだん）

「『ケイミョウシャダツ』を漢字で書けますか？」（解答：軽妙洒脱）

といったクイズ形式で、マニアックな知識を学ぶことが想像されがちですが、このような問いに難なく答えられるのが語彙力かと言うと、私はそうではないと考えます。

語彙力とは、単に難しい言葉をたくさん読み書きできるということではなく、どういうときに使うか、類語とどう違うかといった点も含めて言葉を知っており、使いこなせる力のことを言います。

人の頭の中に張り巡らされている言葉のネットワークが語彙の全体像だとすると、それを場面に応じて自由に取り出して使いこなせる状態と言えばよいでしょうか。

では、その語彙力を伸ばすには具体的にどうすればよいのか。これには2つの方向からの処方箋があります。頭痛薬のように即効性のある短期的な処方箋と、漢方薬のようにじわじわと体質改善を図る長期的な処方箋の2つです。

まずは短期的な処方箋のほうから説明しましょう。

基本的には、前の項目で説明した「自分にとって必要な語彙」を実地で学んでいくのが語彙力アップの近道です。

ただ、「自分には語彙力が決定的に欠けている」と思うのであれば、**まずは単語が一覧になっているような本を使って学ぶ**のが効果的です。具体的には本書のCHAPTER3、ほかには、漢検の教材のようなものですね。漢検の教材はほ

語彙力のイメージ

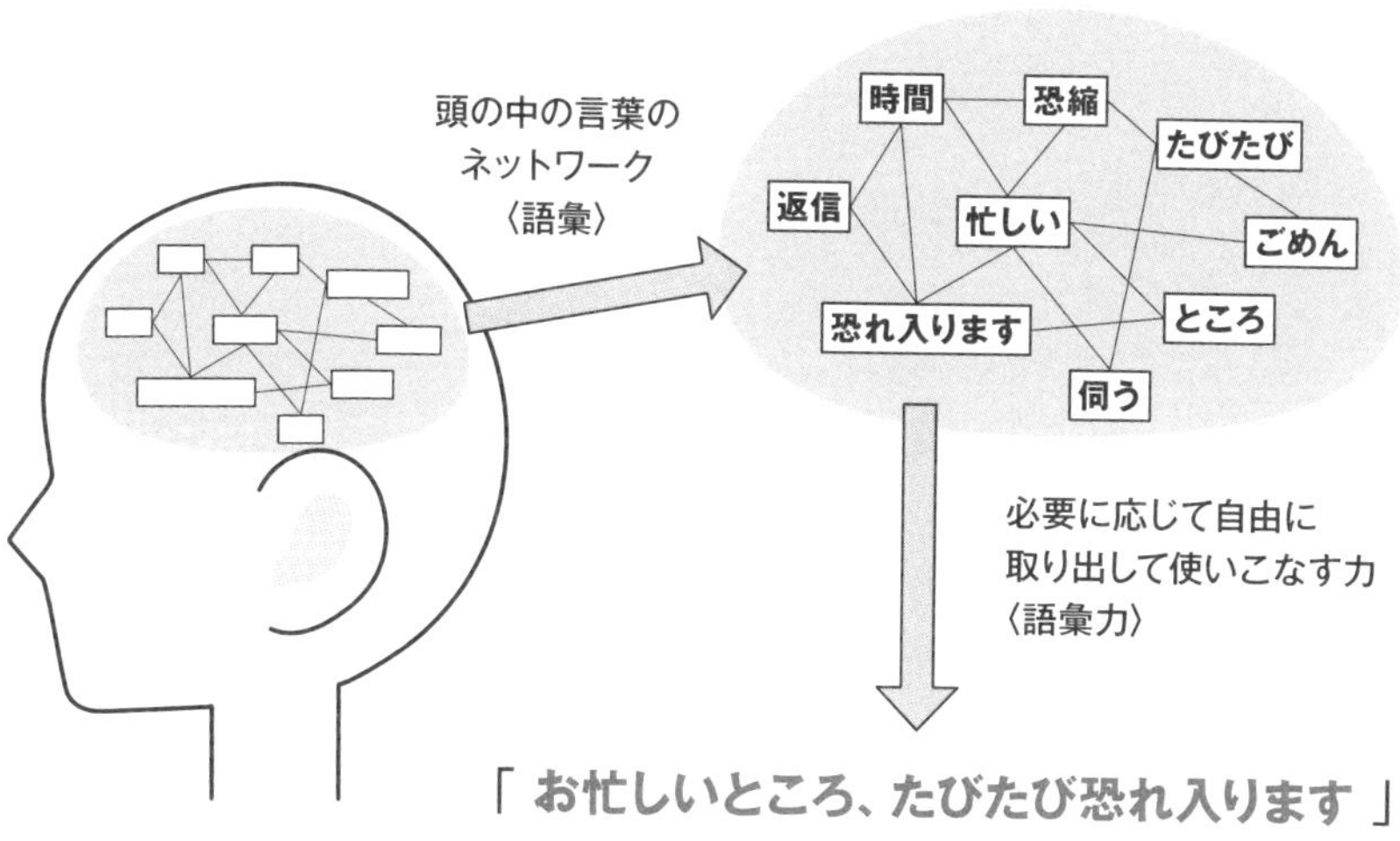

単に「難しい言葉をたくさん知っている」だけでなく
どういうときに使うかも含めて知っていて、使いこなす力

とんどの場合、漢字そのものだけではなく、その字を使った熟語や用例が掲載されています。そのため、語彙を増やすのに適しているのです。

本当に自信がない人なら3級（中学卒業程度：1623字）や準2級（高校在学程度：1951字）、多少の基礎はあるという人なら2級（高校卒業・大学・一般程度：2136字）のテキストがおすすめです。**実社会で使う語彙の水準は大体2級程度まで**ですから、ここまで押さえておけば、専門書などの硬い本を読んでいても専門用語以外で困ることは少ないでしょう。

漢検の教材以外にも、小学校高学年向けの語彙力の本、中学受験用の語彙のテキストを使うのもよいでしょう。基礎のある人なら、高校や大学受験用の漢字の参考書を使うという手もあります。概念的な語彙を増やして思考力を深めたいという方向性で学ぶのならば、大学受験の現代文対策として刊行されている哲学的語彙の本もあります。

大人が勉強するときには、漢字書き取りの重要度は高くありません。大人は文字を手書きする機会は少ないでしょうから、書けるようになることよりも、読めるようになること、意味を知ることが優先です。**読み方→意味→例文の順で学んでいく**とよいでしょう。

このとき、できればもうワンアクション。**テキストに載っている熟語の中から「自分も取り入れたい」と思うものを選び、自分でも例文を作ってみる**とさらに効果的です。

たとえば「形骸《けいがい》」という言葉なら、「うちの会社には育休の制度があるが、もはや形骸化し

語彙のインプットにおすすめの教材

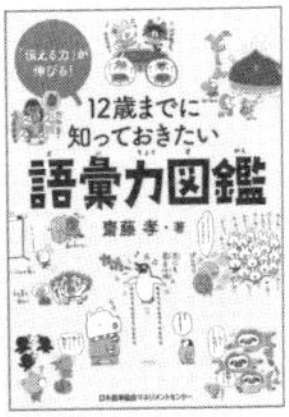

『12歳までに知っておきたい語彙力図鑑』
齋藤 孝／日本能率協会マネジメントセンター

『高校の漢字・語彙が1冊でしっかり身につく本』
土井 諭／かんき出版

『入試に出る漢字と語彙2400 改訂版』
旺文社編／旺文社

『入試現代文の単語帳 BIBLIA2000
現代文を「読み解く」ための語彙×漢字』
柳生好之／Gakken

『漢検 2級 漢字学習ステップ 改訂四版』
日本漢字能力検定協会編／日本漢字能力検定協会

ている」といった、自分の仕事や生活に即した例文を作ってみるというやり方です。

例文は重要です。**テキスト選びの際は、言葉と意味だけでなく、例文があるものを選びましょう。**実際どういうときに使えるのかが理解できますし、どの程度の硬さの文章で使うのかといった言葉の温度感、また単語同士の結び付きについても学べるからです。

「愛嬌を振りまく」という例文があったとしたら、「愛嬌」は「振りまく」という言葉と一緒に使うのだなということがわかりますし、「喝采を浴びる」という例文ならば、「喝采」は「浴びる」ものなのだと組み合わせがわかります。

テキストを使って学ぶことのほかに、短期的な処方箋の2つ目としては、普段の情報収集のツールの中に、硬い言葉で書いてあるものを取り入れることもおすすめです。定番は新聞ですが、少し硬いテーマを扱っている雑誌などもよいでしょう。

語彙力を付ける目的での読み方の要点は、内容だけでなく語句に注目することです。一読後に改めて**単語・用例を採集するつもりで言葉に印を付け、リストにまとめてみてください。**

このときに使うのは紙媒体でも電子版でも構いません。紙媒体は書き込みやすい点がメリットですし、電子版ならば語句をなぞると辞書上の意味が出てくるなど、便利な機能がついたものもあります。好みで選ぶとよいでしょう。

実際に私自身も、本を読んでいて感銘を受けた内容の個所は赤ペンで囲むか、縦に付箋を貼るようにし、この言葉は初めて知った、この使い方は面白いと思ったという語彙の個所には青ペンで囲むか、横に付箋を貼るというふうに分けながら読み、今も言葉を採集しています。

また、短期的な処方箋の3つ目として、アウトプットの改善を意識することを挙げたいと思います。先に挙げた2つはインプット中心の話でしたが、アウトプットを意識的に変えていくことで、周囲に与える印象を一変させることができるのです。

具体的に何をするかというと、先輩や上司が使っている表現で「いいな」と思うものがあったら、自分で文章を書くときや、人と話すときに使ってみます。詳しくは174ページで話しますが、個人的な経験則で言えば、**3回使うと表現が自分のものになります。**

実践していくと、短期間で周囲の見る目が変わりますし、新しい表現を取り入れ、うまく使うことができたという成功体験を積み重ねることで、インプットの意欲もわきます。

ほかにもアウトプットなら、文章を書く機会を生活の中に強制的に作ってしまうという方法もあります。日記を書くといった定番の手段でも構いませんし、新聞記事の内容を100字でまとめてみるとか、読んだ本の感想を手帳に記録するとかいったことでもよいでしょう。使い方には気を付ける必要がありますが、SNSでも構いません。できれば毎日やりましょう。習慣化することで、アウトプット可能な量が増えていきます。

以上が語彙力アップのための短期的な処方箋です。いずれも即効性がありますが、語彙力アップには、長期的な時間軸での学びも必要です。こちらは次の項目で説明します。

Yoshida's memo

短期的な語彙力アップには①単語リストから学ぶ②情報収集に硬めの手段を入れる③アウトプット習慣を作る。

長期的にはやっぱり読書
語彙力を上げるために読むべきはどんな本？

「語彙力を付けたいなら、夏目漱石の本を読むといい」

私自身、国語講師の1人ですが、国語の先生は伝統的にこういう助言をしがちですね。なぜか、語彙力と言えば即「文豪の作品」になってしまうのです。

語彙を増やしていくための長期的な処方箋としては、やはり本や雑誌を習慣的に読むことが大切ですが、このときに読むべき本は、文豪の作品だけではありません。むしろ幅広いジャンルの本に触れることが大切です。ビジネス書を読めば最新のビジネス用語を知ることができますし、短歌や俳句の本を読めば風景や心情を描写する言葉に出会えます。

難しい本に限定せず、本というものを幅広く捉えて、マンガや芸能人のエッセイだって構いません。「高尚なものを読まなければならない」と自分にプレッシャーを掛けて挫折してしまうくらいなら、興味のあるもの、気軽に読めるものを手に取ってみてください。**まずはとにかく何かしらの本に触れることが、語彙を豊かにすることにつながります。**

身内の話で恐縮ですが、私の夫は会話の中で慣用句や故事成語を比較的よく使います。

あるとき、その理由を聞いてみると、「『DRAGON QUEST ダイの大冒険』（集英社）で学んだ」と言うのです。私も読んでみたところ、確かに「コロッと掌《てのひら》をかえしやがった」（コミック第6巻）「軍門に降《くだ》ってしまうとは」（コミック第5巻）「〝兵《つわもの》どもが夢の跡〟をね……」（コミック第5巻）などと、キャラクターがすぐに慣用句や故事成語を使います。こういう表現に感化される中で、語彙が自然と増えていたのですね。

最近の作品なら、『鬼滅の刃』（集英社）は「生殺与奪《せいさつよだつ》の権を他人に握らせるな!!」（コミック第1巻）のような言葉があったり、技やキャラクターの名前に難しい漢字が使われていたりして、小・中学生の語彙力アップにかなり貢献していると思います。

マンガのようなサブカルチャーのコンテンツでも、ボキャブラリーの豊富なものを好きになると、語彙力が一気に伸びることがあるのです。

個人的な話で言えば、私は中学時代、T.M.Revolution や L'Arc~en~Ciel が大好きで、曲の歌詞をノートに書いているような人間でした。当時、周囲の同年代の子よりも語彙力があったり、成長して国語の講師になったりしたのは、歌詞をノートに書いていたことも一因であったように思うのです。

硬軟織り交ぜていろいろなものを読むというのが、語彙力養成の観点では効果的です。

「本じゃなくて、動画や音声じゃダメなの？」と疑問を持つ人もいるかもしれませんが、私はやはり本をおすすめしたいと思います。

なぜ、本でなければならないのか。それには理由があります。

私は音声プラットフォームの「Voicy（ボイシー）」で、古典に関するチャンネルを持っています。毎日音声配信を行っているのですが、その経験から強く実感したことがあります。耳で聞くことが中心になる媒体では、熟語をできるだけ使わないという方針になるということです。

日本語には「意義」と「異議」、「紹介」と「照会」など同音異義語が多いですし、熟語は耳で聞くだけでは意味をスッと理解できないことも少なくありません。口頭で何かを説明しようと思うと、熟語はできるだけ使わないで和語に直す方針になっていきます。

それゆえ、**動画や音声では、触れられる語彙の幅が活字媒体よりも狭くなってしまうのです。**

「でもやっぱり、本は苦手だしあまり読まないんだよね…」と抵抗のある人もいるかもしれませんね。もし「周りに与える印象を変えたい」「もっと知的な話し方ができるようにしたい」という方向性で語彙力を伸ばしたいのであれば、長期的というよりは短期的な話になりますが、本を読む以外にも学習方法はあります。

それは、**言葉の面でのロールモデルを持つ**こと。

職場の先輩のような身近な人でも、著名人でも構いません。素敵な話し方をしている人、表現力が素晴らしい人を観察し、自分が話したり文章を書いたりするときに、「あの人だったら

Yoshida's memo

読書のハードルを下げて、いろいろなジャンルの本をとにかく読む。エンタメからも語彙力は吸収できる。

どんなふうに表現するだろう？」と考えて、その人のイメージで言葉をつむいでみるのです。その参考として、ロールモデルの話し方を文字起こししてみたり、何度も動画・音声で味わってみたりするのもいいですね。

「○○さんだったら何て言うかな？」と想像しながら言葉を使うことを繰り返していると、そのうちにその人の表現力がだんだんと自分のものになっていきます。本を読まなくても、ロールモデルの表現をまねることで語彙を増やすことができるのです。

とはいえ、言葉の自然な使い方を多く身に付けるには、やはり本を読むことが大事。できれば何かしらの活字に触れてみてほしいと思います。

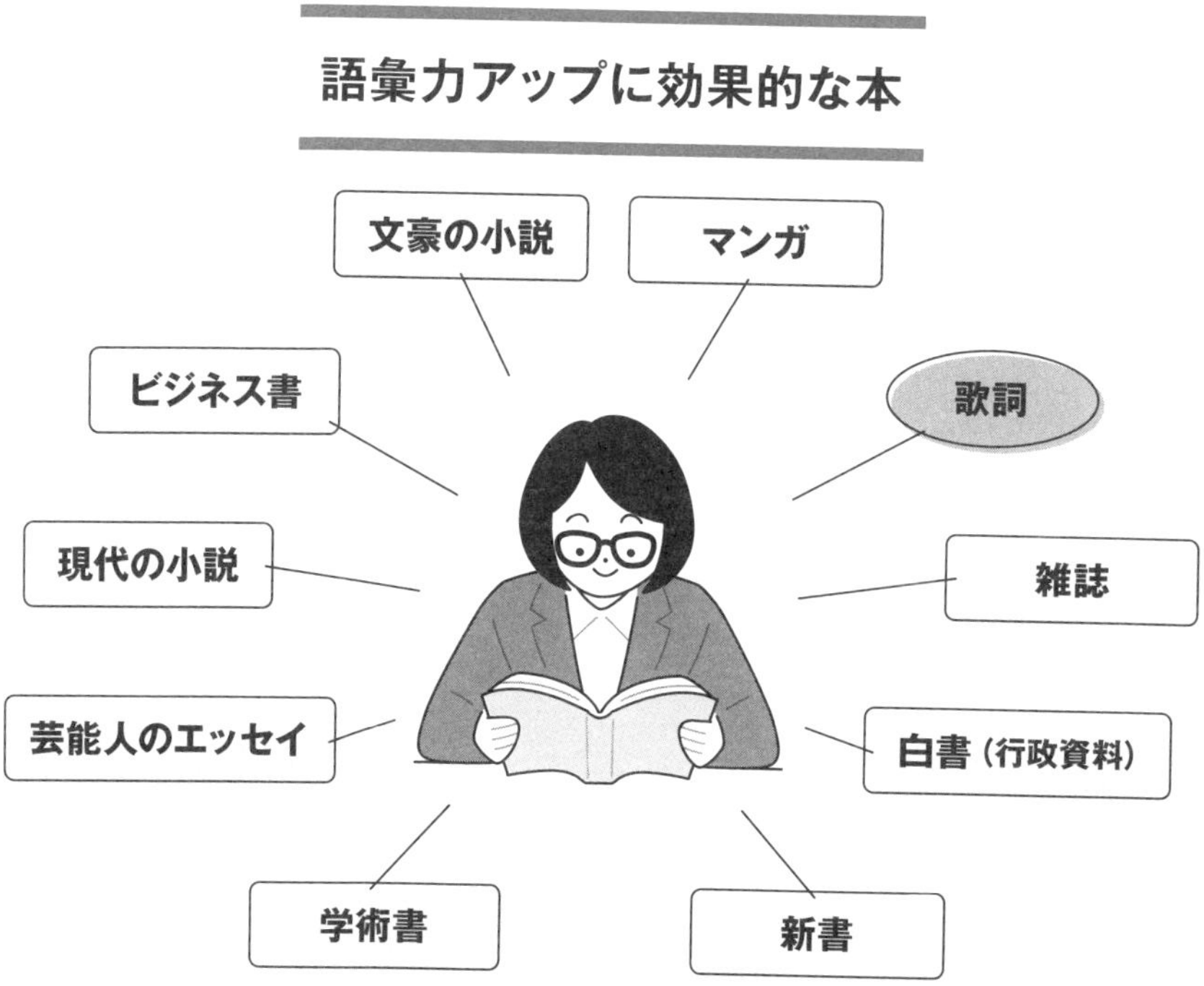

硬軟織り交ぜていろいろなものを読むのが大事

語彙力の高い人は「似ている言葉」の使い分けがうまい

「先日はご足労いただき、ありがとうございました。PDF版のパンフレットもお送りくださり、ありがとうございます。キャンペーン価格が適用されて1割引きになるとのこと、どうもありがとうございます」

さすがにここまでのメールを書く人はいないかと思いますが、繰り返しの多いメールや文章に出くわすことはありませんか?

同じ言葉を繰り返すと、見苦しかったり、幼稚な印象を与えてしまったりすることに。 そうならないためには、お礼でも、「ありがとうございます」以外に、「恐れ入ります」「たいへん感謝しております」など、似た意味の別の表現を知っておく必要があります。

このとき、単にいろいろな表現を押さえるだけではなく、「ありがとうございます」と「恐れ入ります」「たいへん感謝しております」の間に、どういう印象の違いがあるのかを知っておかなければなりません。

語彙を学ぶ際には、このような **「似ている言葉」をまとめて学び、その違いを意識する** ことが効果的です。

これには2つの理由があり、1つにはグループ化して覚えたほうが習得しやすいことがあります。たとえば英単語でも、「economic（経済の）」と「economical（経済的な）」はバラバラに覚えるよりも、意味の違いに注目しながら2つ同時に覚えたほうがわかりやすいですよね。

日本語でも、「感銘を受ける」という言葉を学んだときに、同時に「感じ入る」「感激する」「感心する」など、似たような意味を持つ別の言葉も一緒に覚えるようにするのです。

もう1つには、ある言葉を文章の中で自然に使えるかどうかは、似ている言葉とのニュアンスや用法の違いを知っているかどうかが大きいからです。

たとえば「ありがとう（ありがたい）」は人の好意をめったにないこととして感謝するニュアンスですし、「恐れ入る」なら人の好意や骨折りをありがたいと思ったり恐縮したりするニュアンスです。「感謝する」もありがたいと思うことですが、熟語であるため「ありがとう」よりもかしこまった印象を与えます。

こういった細かい違いを知っておくと、自分が今書こう（言おう）とすることにはどの表現を選べばぴったりなのかがわかるようになります。逆に言えば、類語の違いがわかっていない人は、違和感のある言葉を書いて（話して）しまうのです。

似ている言葉の違いを学ぶ方法はいくつかありますが、おすすめは**類語辞典を使う**こと。インターネット上で使えるものもありますし、紙の辞書やアプリも出ています。

類語辞典の使い方には、大きく分けて2つあります。

1つ目は、**自分が文章を書くときによりよい表現を探す**という使い方。

今書いている文章の見出しに「悲しい」という言葉を使っているけれど、もっと見出しにふさわしく格好いい表現を探したい、といった目的です。こういう狙いならば、検索性の高いネットや電子辞書の類語辞典を使うと便利です。たとえば、ネット上で無料で使えるサービスに「Weblio類語辞典」（https://thesaurus.weblio.jp）があります。「悲しい」と調べると、「不幸せ、薄倖、もの悲しい、沈痛」などが出てきますから、そこで「沈痛がよさそう。これ使おう」などと選ぶのです。違いがピンと来なければ、それぞれの語の意味を国語辞典で調べるようにしてください。

2つ目は、**ボキャブラリーを増やすための読み物として目を通す**という使い方です。

言葉が面白いのは、似たような意味を持っていても、ある状況に対し、この言葉はぴったりなのに、あの言葉だとちょっと違う、ということがあるという点。その「ちょっと違う」の違いをきちんと理解するために、似た者同士を比較することはかなり重要です。

CHAPTER3で紹介する「慧眼」を例に挙げるならば、目上の人を褒めるときに「頭いいっすね」「優秀ですね」とは言いませんが、「慧眼ですね」「ご明察ですね」なら、直接言っても別におかしくないのです。

類語辞典を読み物として学ぶ場合には、一覧性のある紙の辞書が便利です。『ことば選び実用辞典』『感情ことば選び辞典』（Gakken）は電車移動中にも学べます。紙の辞書の場合は類語を並べるだけでなく、それぞれの言葉のニュアンスまで説明しているものが多いので、さまざまな単語を見比べていると、使い方の違いを発見することができます。

Yoshida's memo　類語辞典も活用しながら、似た言葉をまとめて学ぶ&違いを学ぶ。

類語辞典の活用法

文章を書くとき、よりよい表現を探す

「悲しい」の類義語

・不幸せ
・薄倖
・もの悲しい
・沈痛
⋮

記事のタイトル、
「沈痛」が
よさそう！

読み物として読む

「称揚」は使う場面が
限られそうだな…

「褒める」の類義語

【賛辞】褒めたたえる言葉。
【賛嘆】非常に感心して褒めたたえること。
【賞賛】褒めたたえること。
【称揚】立派だと褒めたたえること。
【絶賛】この上なく褒めたたえること。

似ている言葉の違いを学ぶときには類語辞典が便利。
検索性で言えばネット・電子辞書、一覧性で言えば紙の辞書がおすすめ

「違和感」のアンテナを立てておこう 言葉の違いに敏感になる

前項で似ている言葉の使い分けについて述べましたが、読んだり書いたりするときに、「言葉の違いに敏感になる」ことが、似ている言葉をうまく使い分けられる人になることに欠かせません。

その「違い」とは、具体的に言うと、次の3つのポイントです。

①細かな意味（あるいは硬さ）の違い
②使える状況の違い
③単なる「言い換え」を超えた言い回しの違い

①の「細かな意味（あるいは硬さ）の違い」とは、75ページの「ありがとう」や「恐れ入る」のようなものです。たとえば「怒り」についての表現でも、「怒る」「叱る」「憤る」はニュアンスが少しずつ異なります。「怒る」が腹を立てることなら、「叱る」は相手の悪い点を強い調子で注意すること、「憤る」は不正や不合理に対して激しく怒ることです。

意味だけでなく、**硬さの違い**という観点もあります。たとえばイベントなどに人を招くとき、普通に言えば「来てください」ですが、目上の人には「お運びください」などと言いますし、さらにかしこまるならば、「ご来臨の栄を賜りますよう」といった言い方もあります。

②の「使える状況の違い」とは、**肯定的なのか否定的なのか、人に面と向かって言っていいのか悪いのか、目上の人に使えるか使えないか**といったこと。39ページの「要領がいい」の話がその最たる例の1つです。

もう1つ例を挙げるとすれば、「賢い」ことを言う際の「利口」「賢明」「聡明」も、使える状況に違いがあります。大人が小さな子どもに「お利口さんだね」と言うように、「利口」は基本的に自分と同等以上の立場の人に使う言葉ではありません。大人に対して使うなら、「あいつは利口に立ち回ったな」と本人のいない場で評するような、否定的な使い方になります。「賢明」と「聡明」はいずれも褒め言葉ですが、「賢明」はどちらかというと一つひとつの判断を、「聡明」はその人自身を褒めるときに使います。

こうした繊細な使い分けは、辞書で意味を確認するだけでは気付けません。そのため、辞書を引く際には意味だけでなく用例も見たり、インターネットで用例を検索したりする必要があります。AIによる翻訳や文章作成が普及するにつれ、不自然な言葉の使い方を見かけることも増えていくと予想されますが、違和感を持った言葉は読み流すのではなく、きちんと調べる習慣を付けることが大切です。**反面教師の用例をたくさん集めましょう。**

③の「単なる『言い換え』を超えた言い回しの違い」は、忙しそうな同僚を手伝うという状況を例に説明しましょう。よくあるのは「何か手伝えることがあったら言ってね」という声掛けですが、申し訳なくてヘルプ要請が出せないという人もいます。そんな人には、「今ちょうど

手が空いているんだけど、何かできることある?」など、「今は時間がある」と積極的にアピールするほうがよいでしょう。人によっては、「ずいぶん忙しそうだね」と話し掛けたら、「そうなんだ。今、このプロジェクトで忙しくてね」と自慢話が始まり、気分をよくして頑張るかもしれません。

「語彙力」には意味や硬さで表現を使い分けることだけでなく、このように「どういう方向からアプローチするか」という対人関係の視点も含まれます。**人に話し掛けるときの引き出しを増やしていくことも、語彙力アップの1つの方法**なのです。

話し掛け方の観点から知っておくとよいのが、「恐れ入りますが」「差し支えなければ」のように、用件の前に添えることで伝えたい内容を和らげる「クッション言葉」です。こうしたボキャブラリーを身に付けると、仕事のコミュニケーションで角が立つことが少なくなります。多くの人が対応に苦慮している「面倒なことをお願いするとき」「依頼を断るとき」にも言いたいことを伝えやすくなり、業務が円滑に進むようになるのです。

クッション言葉はすでに取り入れているという人も少なくないとは思いますが、意外とありがちなのが、「同じ言葉ばかり使ってしまう」こと。1通のメールの中で「申し訳ないのですが」を何度も繰り返している人がいますね。同じ言葉が繰り返されると目に付いてしまい、受け取った側は「申し訳ないなら、頼むな!」という気分になってきてしまいます。

そうならないために、いくつかバリエーションを持っておきましょう。**同じ「クッション言**

葉」でも、毎回異なる言葉を使えば目立ちません。

クッション言葉は言わばコミュニケーションの潤滑油ですが、近年ではこの潤滑油が失われつつあります。ＬＩＮＥを使ってチャット感覚でコミュニケーションを取ったり、わかりやすさ・簡潔さを重視して箇条書きで連絡したりすることが増えたのがその要因です。

普段は効率重視でチャットや箇条書きでもよいのですが、相手の負担になる依頼をする場合、依頼を引き受けられないと断る場合、相手の立ち入った事情を聞き取らねばならないときなど、デリケートな場面には、やはり潤滑油が必要になります。その点で、こうした言葉を知っている人は有利なのです。

コミュニケーションの潤滑油「クッション言葉」

お願いするとき

- 恐れ入りますが
- お手数をお掛けしますが
- ご多忙のことと存じますが
- 差し支えなければ
- 不躾ですが
- もしよろしければ

断るとき

- あいにくですが
- ありがたいお話なのですが
- 勝手を申し上げますが
- ご期待に添えず申し訳ありませんが
- 残念ながら
- 申し上げにくいのですが

クッション言葉をうまく使えるようになると
言いたいことを伝えやすくなり、業務が円滑に進む

言葉づかいは伝染する 付き合う人で変わる、語彙力への影響

「朱に交われば赤くなる」ではありませんが、どういった語彙を持つ人たちの中にいるかということは、自分の語彙にも当然、影響を及ぼします。

1人の人の中には、さまざまなレイヤー（層）の言葉があります。同じ内容を言うのでも思い切りくだけた言葉から、論文を書くときに使うような難しい言葉まで、さまざまなタイプの言葉がミルフィーユ状に重なって記憶されています。たくさんの引き出しがあるとも言えるでしょう。そこから相手に合わせて取り出すことを誰もがやっているはずです。

そのとき、普段からくだけた言葉、粗雑な言葉でやり取りする人とばかり付き合っていると、同じ言葉の引き出しばかりを開けることになります。すると、その引き出しがずっと開いたままになってしまい、無意識のうちにそこからばかり言葉を使うようになっていってしまうのです。それまでの読書体験などでせっかく豊かな語彙を培ってきていても、もったいないことに、深い表現、硬い表現の引き出しが開くことがなくなってしまいます。

このように、**日頃どういった人々と接しているかにより、使う言葉が偏ってしまう**ということは実際にあるのです。

1人の人の中にはさまざまなレイヤーの言葉がある

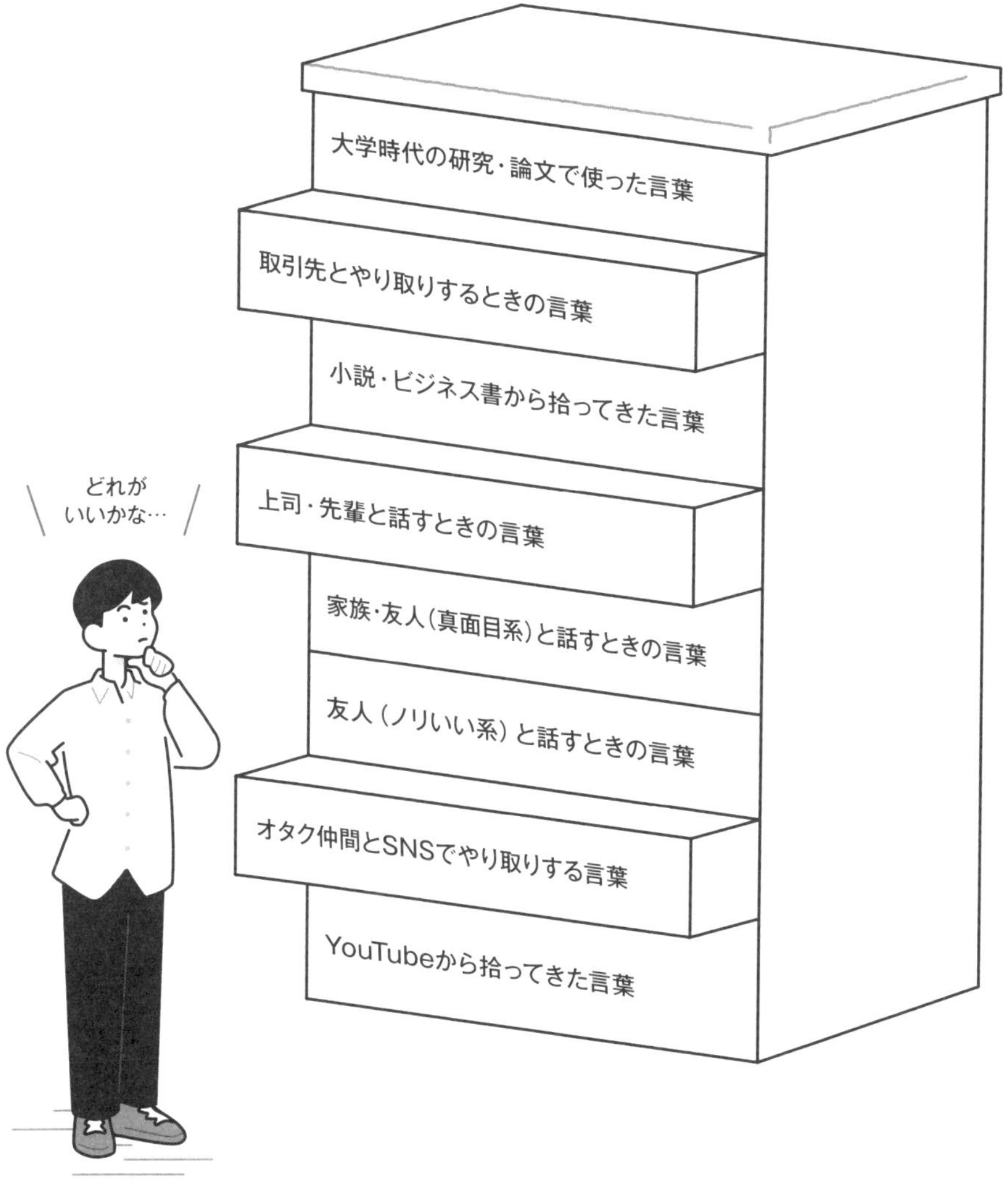

相手によってふさわしいレイヤーの言葉を取り出してやり取りしている

もちろん、周囲との人付き合いは言葉づかいのよし悪しだけで選ぶものではありませんが、語彙力という意味でおすすめしたいのは、年上の人との交流を意識的に増やすことです。**話すときに背筋がスッと伸びるような年上の知り合いを増やしていくと、語彙力によい影響を及ぼしてくれます。**これは特に、若い人におすすめです。

私は伝統芸能の習い事をしており、師匠をはじめ、先輩弟子の方々など伝統芸能業界にいる年上の人と話す機会があります。こうした方々と話をしていると、「あっ、こんな表現があるんだな」と目を開かれることがたくさんあるのです。

ある日、師匠に「今日も本当に暑いですね」と話し掛けたところ、「そうね、今日はなかなか蒸しますね」と返ってきて、こんなに上品な返しがあるのかと胸を打たれました。別の日には、発表会に向けた熱心なご指導のお礼として師匠にお菓子をお持ちしたところ、「あなたは弟子なのだから、指導するのは当然です。それなのに、このようなお菓子まで頂戴して、痛み入ります」とのお礼メールがあり、「痛み入ります」が強く印象に残りました。

私の場合は趣味の知人から社交上の上品な語彙を学んだわけですが、仕事においても年上の人々から学べる語彙はたくさんあります。

社内外を問わず、大先輩にあたる世代の人たちと食事に行って話を聞いていると、その業界独特の用語や言葉づかいを学べることがあります。入社時の研修や業務マニュアルなどで学ぶのとはまた別の、現場の実感に即した語彙があるものです。実はマニュアルに載っていない言葉も意外とたくさんあるもので、大先輩たちの生の会話からそういう言葉を知ることができるわけです。

仲よくなれそうな年上の人が周りにいない場合には、ラジオやポッドキャスト、ＹｏｕＴｕｂｅなどで、**好ましいと思う話し方の人の番組を聞いて、その話しぶりを耳から学んでいく**のも１つの独学的インプット方法です。

私はラジオをよく聞くのですが、アーティストの星野源さんの『オールナイトニッポン』（ニッポン放送）での話しぶりはよく参考にしています。ご自身の結婚を報告されるときや自然災害が起きてお見舞いの言葉を掛けるときなど、気を遣う状況での言葉の繊細な選び方が秀逸です。

言葉を学ぶと言うと、高尚なものを聞かないといけないと思っている人が多いのですが、**「この人の話し方、素敵だな」と普段から思っている人を自分の「心の友」「ひそかな師匠」にしていくのが効果的**です。

アウトプットの面の独学では、人の目を意識してブログを書いたり、著者に伝えるつもりで読んだ本の感想をＡｍａｚｏｎレビューに投稿したりする方法があります。

ただし、書き言葉と話し言葉はやはり使う感覚が少し異なります。できれば、ある程度きちんとした言葉で話さなければならない間柄の友人や知人がいるのが望ましいですね。社外の研修会に参加し、そこに来ている人と少し話をしてみるというようなことでも構いません。

普段見ているSNSも、自分の語彙に影響します。

特にオタク界隈や政治界隈に顕著に見られる特徴ですが、趣味、関心でつながっている人同士は、コミュニケーションを取る際、そのコミュニティの中でしか通じない用語を使いがちです。たとえば私はSUPER EIGHT（旧関ジャニ∞）の村上信五さんのファンで、この界隈（そう言えば、こういう「界隈」の使い方もネット発ですね）ではこれを「村上担」と言います。近い意味ではありますが、「村上推し」とはあまり言わないわけです。

このような、**内輪で特有の言葉を使って仲間同士の空気を盛り上げる、そうした言葉を「ジャーゴン」と言いますが、仲間内で使われているジャーゴンは、集団内に感染していきます。**

内輪の言葉を使うのか使わないのか、そのほかにも乱暴な言い方をするのかしないのかなど、どのような言葉に触れていくかで、自分の語彙も影響を受けて変わっていきます。

ほかに、Snow Manというグループも好きなのですが、このファンの人たちのX（旧ツイッター）のアカウントをフォローしていると、自分よりも若い世代の人たちの投稿からさまざまな斬新な言葉づかいが目に入ってきて、興味深く読ませてもらっています。

62ページで仕事の語彙を身に付けるために同業の人のアカウントをフォローするという話をしましたが、Xにはこのように、身近にいない人たちの言葉を拾うという使い方もあるわけです。

SNSで見ているものも自分の語彙に影響しますから、アカウントを持っている人は、**自分の好きなコンテンツの界隈で語彙力が高い人、素敵な言葉を使っている人を意識的にフォローする**のもいいですね。

Yoshida's memo

語彙力は環境に影響を受ける。受け身にならず、自分でも環境を選び、作っていこう。

どんな言葉の影響を受けたいか

どういった語彙の人の中にいるかということは
自分の語彙にも影響を及ぼす

認知語彙と使用語彙をバランスよく伸ばす

言葉を実際の仕事・生活の中で使うことをせず、知識をひたすら溜め込んで頭でっかちになり、人の言葉の間違いを指摘して悦に入っている人がいます。

また、プレゼンテーションなど、準備をしたうえで自分が一方的に話す場面では格好いい言葉を並べて威勢よくしゃべることができても、いざ即興で話す、あるいは誰かと双方向の対話をする場面になると、急に言葉少なになってしまう人がいます。

これは語彙の習得が偏っていることで起こる現象です。本来は「認知語彙」「使用語彙」をバランスよく伸ばすべきなのですが、一方に偏ると、こうした望ましくない状況になります。「認知語彙」というのは、見たときに意味がわかるとか、読み方がわかるといったように、「何となく知っている」というレベルの語彙のことです。それに対し、「使用語彙」は、実際に自分が会話や文章の中で使用できているものです。

認知語彙ばかり増やしていても、雑学的な知識ばかり身に付けることになったり、実際に使おうとしたときに使い方を誤ってしまったりします。

一方、そもそもの認知語彙のインプットが不足している人が、使用語彙を格好よく見せようとすることに特化して、話すときに台本を作ってみたり、メールの文章にやたら難しい言葉を入れてみたりしていると、そもそもの語彙の土台が不安定なので、臨機応変な対応が必要なときにぼろが出てしまいます。

語彙力を付けるには、知識をインプットして蓄えるだけでもアウトプットするだけでも足りません。並行して両方に取り組んでいかなければならないのです。

CHAPTER1で「ご紹介に預かる」と間違えてしまう話をしましたが、これは認知語彙ではあるけれども、使用語彙にはなっていない例です。

存在や意味は知っているけれど、細かいニュアンスが類語とどう違うのか、「てにをは」のどれと組み合わせて使うのかといったことを理解できていない状態が、「認知語彙ではあるけれど、使用語彙にはなっていない」というレベルです。そういう実感に欠けた状態のときに、この「ご紹介に預かる」のような誤用が生まれます。語感や用法を押さえてこそ使用語彙です。

現代文の入試問題を見ていると、語感を試される問題がよくあります。

たとえば「実態」という言葉。辞書で引くと「実際の様子」などと書いてあります。では、「K株式会社の実態」と言ったとき、よい内容・悪い内容のどちらが想像されるでしょうか？

——悪い内容ですよね。

文字通り実際の様子という意味ではあるのですが、実際に使う場合には「表には見えていない生々しい部分を含んだ様子」という語感が伴います。そのやや否定的な語感が身に付いていていないと、内容理解の問いに誤答してしまいます。

このように、ある言葉の持つ語感が肯定的か否定的かなど、語感を理解できていないと解けない問題が現代文にはたくさん出てくるのですが、残念なことにかなりの割合の生徒が間違えます。

このような語感や、ほかの言葉とのつながり（コロケーションと言います）といった用法まで理解して付き合えている言葉を「使用語彙」と呼びます。一方、出てきたときに辞書を引くほどではないけれど、実は「何となく知っている」状態で止まっていて、細かい部分はわからないというものが「認知語彙」という段階です。「何となく知っている」レベルの場合、語感まではつかめていないことが多いのです。

ただ、**自分ではわかっている（＝認知・使用語彙になっている）と思っている言葉の中にも、実は間違っているものがたくさんあります。**

特に最近は、ＩＴや医療分野、芸能界など、一部の業界の専門用語が普通の会話やＳＮＳの文章の中に頻繁に出てくるようになっています。知っている語だと思って使っているものが実は違う意味で恥をかくこともあり得ますから、きちんと辞書を引いて意味を確認し、場合によっては自分でさらに用例を集めてみたりして、実際に使えるくらいの理解度にまで持っていきましょう。これを習慣にすると、周囲の人とはひと味違う人になることができます。

Yoshida's memo
認知語彙ばかり増やすと、頭でっかちに。手触りのわかる言葉を増やしていこう！

認知語彙と使用語彙

認知語彙 → 使用語彙

・見たときに意味がわかる
・読み方がわかる

・「てにをは」のどれと組み合わせるかがわかる
・類語とのニュアンスの違いがわかる

・会話の中で使える
・文章の中で使える

ここばかり
強化すると…

使い方
間違って
いますよ

知識を溜め込むばかりで
頭でっかちになる

ここばかり
強化すると…

あの…
どうも…
メールと
印象
違うな…

人と対話する場面で
ぼろが出る

語彙力を付けるには認知語彙と使用語彙を
バランスよく身に付けていく

結局、何語覚えればいい？大人が身に付けるべき語彙の量とは

「で、結局何語くらい覚えたらいいの？」

大人が身に付けるべき語彙はどのくらいあるのか。皆さんが気になるところだと思います。

語彙のカウントの仕方が難しいのは、たとえば「美しい」と「美しさ」は別の言葉としてカウントすべきかどうか、何をもって1語と見るかという線引きが難しいからです。

1つの目安は辞書の語数でしょう。『日本語語彙大系』（岩波書店）には30万語が取り上げられています。私が愛用している辞書の1つ、『ベネッセ 表現読解国語辞典』（ベネッセコーポレーション）の見出し語数は**3万5000語**。日本語語彙大系はさすがに多すぎるでしょうから、こちらの辞書くらいの語数を身に付けておけば、大人が普通に本を読みこなせるくらいのレベルになれるはずです。

この3万5000語すべてを実際に日常の仕事・生活で使用するかというと、そうではありません。日常使うのはせいぜい3分の1くらいだと思います。ただ、実際に使わなくても、本などで見かけたときに理解できるようにはしておきたいわけです。

資格試験で言うならば、66ページでも述べた通り、漢検の2級くらいが目安です。準1級以上の語彙は、一般の人の日常生活に必須とは言えません。

本当は、覚えるべき言葉の数を数字で表そうとすることにはあまり意味がないのです。目安として辞書の語数を挙げましたが、皆さんに身に付けてほしい語彙の中には、辞書に載っていないものもたくさんあります。60ページで話した仕事の用語やトレンドワードは、辞書にない例がほとんどでしょう。

英語など外国語の場合は、新しく学ぶからこそ習得単語数がカウントできるわけです。母語である日本語の場合は、成長する中で無意識に身に付けてきた言葉がたくさんあるので、「合計何語になった」と計算することができないのです。

基本的に、語彙の増やし方についてはここまでに説明してきた通りですが、**網羅的に語彙力を付けたいという人は、辞書を読むのもアリ**です。

私も、手持ちの辞書（『新明解国語辞典』（三省堂）など）をパラパラ見ながら、「この語義は知らなかったな」とか「この例文は使えそうだな」というものがあるページに付箋を貼って勉強しています。

76ページで紹介したGakkenの類語辞典のシリーズなど、最近は読み物として楽しめる辞書も出ています。私も読破した辞書が何冊かあります。

読破するところまでいかなくても、**辞書をパラパラめくって眺め、自分の中で抜けている言葉がないか探すことは、語彙力アップに役立ちます。**辞書以外にも、本書のような語彙がテーマの本でも、漢検の問題集でも構いません。

語数以外のもので目標にすべき地点を示すならば、仕事に関して言えば、会議など仕事中に飛び交っている言葉を聞いてわかることです。

本で言えば、**「夏目漱石や東野圭吾さんの本がすらすら読み進められるかどうか」**。

森鷗外の『舞姫』のような雅文体・文語体の文章を読めなくても、夏目漱石ぐらいの文体を読みこなせれば多くの本を読み解けるはずです。今、漱石の本は、独特の難しい表現をひらがなに変えるなど、昔よりも読みやすく編集してくれているので、昔挫折した人も改めて挑戦してみてください。

現代の作家で言えば、東野圭吾さん。

もし欲が出てきたら、京極夏彦さんのような、ボキャブラリー豊富な小説にも挑戦を。71ページで紹介した『DRAGON QUEST ダイの大冒険』(集英社)や『鬼滅の刃』(集英社)と同様に、ハマると語彙力をぐんと伸ばしてくれます。

ひとまずは、夏目漱石・東野圭吾さんがすらすら読めれば、あなたの語彙力は、素敵な大人のスタートラインに立てていると言えるでしょう。

Yoshida's memo
日常生活や仕事、新聞、本で目にする言葉は大体わかるというスタートラインにまず立とう!

CHAPTER 2　IKEGAMI'S EYE

池上は、こう読んだ

本を読むなら、やはり古典を、などと言ってしまいそうになるのですが、さすが吉田先生、若い人たちと付き合いながら生徒たちの語彙力を付けさせるためなら、さまざまな言語体系に触れることが大切なのですね。「本を読めと言われてもねえ」と敬遠する人たちへの吉田先生のメッセージは優しいのです。

自分が言いたいことにぴったりの言葉がなかなか出てこなくなったのは加齢のせいかもしれませんが、助けになるのが類語辞典です。吉田先生ご推薦の本もたくさんありますが、言葉を糧にしている私たちにとって、自分の気持ちにぴったりの言葉を見つけるのは、おいしい果物がたくさんなっている森林を探索するようなものなのです。

対話相手の感情を害しないで言いたいことを伝えるのは難しいものです。私はテレビでよく「いい質問ですね」と言いますが、私より年上の人に対しては使いません。失礼なことだからです。テレビのスタジオにいるのは、私より若い人たちばかり。だから「いい質問ですね」と言えるのです。よい子の皆さん、状況を考えずにまねすることはやめましょうね。

「語彙」体験記

「そんな表現があるのか!」と唸《うな》った言葉

あら、頼もしくなられて

―日本舞踊の師匠―

発表会を見に来た夫に、私の師匠が掛けた言葉です。師匠と夫は年に一度くらいの頻度で顔を合わせるのですが、このときの夫はコロナ禍の運動不足で体重が少々増えてしまっていました。人の外見に言及することが問題視されがちな昨今ではあるものの、婉曲的かつユーモアのある表現でエレガントに伝えるのは面白くて素敵だなと感じた、人生の先輩のひと言です。

（自分の落語会に）万障お繰り合わせのうえ、お運びいただければ幸いです

―とある落語家さん―

ラジオ番組での、落語家さんの発言です。本来、「万障お繰り合わせのうえ」は改まった会議などに「どんな差し障りも調整して参加してください」と、強く出席を求める際に使われる言葉です。主に書面で使われる硬い言葉なのですが、それを口頭で、しかも自分の落語会への勧誘で使うという文脈のはずし方に感心しました。語彙力のこんな生かし方もあるのですね。

吉田さんが読者だけに教える

人生を支える言葉

「男子、三日会わざれば刮目して見よ」

―教え子の男子生徒―

言葉は元々、中国の古典『三国志』に由来するものです。国立大学の前期試験で不合格になった教え子がいたのですが、後期試験の試験日が数日後に迫る中でこのフレーズを思い出し、「この3日間で別人のように賢くなって合格をつかみ取る」と決意。猛勉強をして実際に合格を勝ち取りました。語彙の豊かさが生き方にまで影響するという実例です。

「選んだ選択肢を正しくする」

―DeNA創業者・南場智子さん―

南場智子さんの著書『不格好経営』（日経BP）の一節です。日本では進路選択においてブランドが重視されがちで、私自身も就職時は何が正解か悩んだことがありました。結局は自分の好きな道を選んだものの、隣の芝生が青く見えたことも。そんなときに出会った言葉です。「この道を正解にしよう」と、その後の私をずっと支えてくれています。

日本語の面白さを感じる言葉

あはれなり

古文の頻出単語で、この「あはれ」とは、「ああ」というため息を指します。それゆえ意味は「趣深い」「しみじみ愛しい」「かわいそう」「尊くありがたい」などさまざまで、豊かな広がりが感じられる言葉です。残念なのは、現代語の「あわれ」には「かわいそう」の意味しか残らなかったこと。言葉の豊かさを未来につなぐため、語彙を学び続けていきたいものですね。

筆舌に尽くしがたい

自分の考えを表すために言葉を尽くそうというのが本書の主旨ですが、日本語には「名状しがたい」や、古典の時代からある「えも言われぬ」など、「うまく言葉にならない」意の言葉もたくさんあります（ぜひ類語辞典で調べてみてください）。あまりに圧倒されたとき、複雑な気持ちになったときに言葉で描写できないのは昔も今も同じなのだなと、この語彙の数から感じられます。

仕事で出会った素敵な言葉

何から何まで、誠に痛み入ります

—同僚講師—

お褒めに与り光栄です

—後輩講師—

体調不良になった同僚の仕事を私がカバーし、業務完了の連絡を入れたときの返信の言葉です。絶妙な言葉の選択もさることながら、さらに驚いたのは、この言葉を使った同僚は当時20代半ばだったこと。聞けば研究者を目指して勉強中で、普段から大学教授と頻繁にメールでやり取りしていたのだそうです。年長者との交流から言葉を磨く重要性を再認識した出来事でした。

後輩講師の研修担当になり、模擬授業をチェックしたときのことです。授業が上手だったと褒めたところ、このようなメールが送られてきました。謙遜を美徳とするのが日本の文化ですが、爽やかに受け止めるのも悪くないなと感じたのと同時に、褒められたことに対して「あなたに褒めてもらって光栄です」と相手を褒め返す語彙力が素敵だなと感心したフレーズです。

最近グッときた言葉

至誠一貫

―力士・正代直也さん―

私は大相撲が好きで、国語講師ということもあり、力士の昇進の際の口上にはいつも注目しています。「至誠一貫」は、正代関が大関に昇進したときに使った四字熟語。究極の真心を突き詰めていくという言葉です。昇進の機会に改まった言葉を使う相撲界の心意気にはいつもグッときますし、正代関の場合は、言葉がご本人の人柄によく合っていたことも素敵でした。

寿退社って？

―教え子の女子生徒―

高校生向けの授業で「寿退社」を知っているかと質問した際に返ってきたのがこの言葉です。彼女は「定年まで勤め上げて、めでたく退社することですか？」と続けました。これを「無知だ」と言ってしまうこともできるかもしれませんが、私はむしろ、時代が変わったことを感じました。語彙には時代の変化が反映されることをひしひしと感じた事例です。

CHAPTER 3

目的別特選ワード

まず身に付けたい

必要な語彙は人によって異なる一方で、汎用性の高い言葉というものはあります。ここでは、知っておくと今後の学習のヒントになる120の言葉を集めました。

— LEXICOLOGY —

語彙学の入り口となる特選ワードを学ぼう

本章では、皆さんが実際に語彙を増やそうとするときに学習の入り口となりうる言葉を、「特選ワード」と銘打って１２０語選びました。

仕事をするうえで役立つワード、正しい日本語の議論でよく話題に上るワードなど、知っておくことで**皆さんの実践的な語彙力を効率的にパワーアップする語、今後語彙を増やしていく際の着眼点を学べる語を厳選しました。**

初級者にとっては少し背伸びした言葉、中級者にとっては理解を固めたい言葉というレベル感です。何となく知っていた言葉（認知語彙）も、使いこなせる言葉（使用語彙）にするべく改めて学んでもらいたいと思います。

本章は以下の項目から構成されています。

・読み方を知っておくと信頼につながる22の言葉（↓１０４ページ）
・使い方を間違うと恥をかく10の言葉（↓１１６ページ）
・改まった場面に必要な22の硬い言葉（↓１２２ページ）

・言いにくいことを伝えるときの22の大和言葉（→134ページ）
・似ているけれど実は違う22の言葉（→146ページ）
・思考力を広げる22のカタカナ語（→158ページ）

「ビジネスの会話の中で使えると格好いいよね」という単語もあれば、知っておくことで皆さんが考えを深めることのできるような単語も含んでいます。

まずは見出し語をひと通り眺め、自分がどれぐらい知っているか点検してみましょう。そして、個々の単語の説明を詳しく読んでほしいと思います。説明や例文を踏まえ、イメージがつかめた、実感がわいたという深さで理解することを目指します。その後、皆さんそれぞれの仕事や生活に即した例文を作ってみる（＝アウトプットしてみる）と、さらに素晴らしい学習と言えます。

ＣＨＡＰＴＥＲ２で伝えたように、人によって必要な語彙は異なりますので、万人に通じる絶対的な言葉のリストは存在しません。

よって、この特選ワードも「これだけ学んでおけばＯＫ」というものではありませんが、まずはここで紹介する１２０語をエッセンスとして自分のものとし、さらに皆さん自身で、自分の業界・職種の用語、自分が強化したい分野の用語、最新の時事ネタの用語など、必要な言葉の学びを深めていきましょう。

Yoshida's memo　まず最低限を習得して無限の語彙ワールドの入り口に。

読み方を知っておくと信頼につながる22の言葉

CHAPTER2で、**大人の語彙力としては、漢字を書けることよりも読めることのほうが大事**だと伝えました。そこで紹介したいのが、信頼される人になるために、読めるようになっておきたい熟語22語です。

マスメディア、特に新聞・雑誌では、常用漢字表をもとにしつつ、各社・各誌で「漢字で表記する言葉」と「ひらがなで表記する言葉」の使い分けルールが定められています。たとえば、新聞の業界では、『記者ハンドブック　新聞用字用語集』（共同通信社）という1つの目安があります。これにのっとり、新聞紙上では「相槌」が「相づち」、「怪訝」が「けげん」と書かれていたりします。ここで取り上げている言葉の中にも、メディアによってはひらがなで表記するものがありますが、実際のビジネス現場での文書やメールでは、「これは常用漢字ではないから、ひらがなにしておこう」などと、いちいち厳密に配慮してはいません。パソコンで変換すればすぐに漢字が出てくるわけですから、文書・メールなどでは常用外の漢字も含め、難しい漢字がたくさん使われている状況です。ということは、**私たちも常用漢字か否かにしばられずに漢字を多く読めるようになっておく必要がある**わけです。

まず、ここに挙げている言葉が読めるかどうか、チェックしてみてください。読めない言葉は知らない言葉でしょうから、意味や例文を確認し、自分の語彙に加えていきましょう。

Yoshida's memo　正しく読めないと恥をかくことも。「読み」は特に大人のたしなみ。

迂闊　うかつ

意味　①うっかりして、注意力不足の様子。②事情にうとくて軽々しい言動をしてしまう様子。

例文　**迂闊にも失念しておりました。**

解説　謝罪が必要な場面に便利な言葉です。「うっかり忘れていました」などと言ってしまうと、軽い印象で「この人と仕事をして大丈夫かな?」と相手に不安を抱かせてしまいますが、例文のような硬い表現を使うことで、言っていることは同じでもマイナスの印象が軽減され、きちんとした感じを与えることができます。「私の注意不足で」「私の不行き届きにより」と言い換えることもできます。

婉曲　えんきょく

意味　遠回しに、角が立たないように表現すること。

例文　**プロジェクトに参加してもらえないか打診したが、婉曲に断られた。**

解説　「歪曲《わいきょく》」「湾曲《わんきょく》」といった言葉と、読み・意味を混同するケースが見られます。「歪曲」は「歪み曲がる（曲げる）こと」、「湾曲」は「弓のように曲がること」を表しており、露骨になりすぎないよう穏やかな言い方をする「婉曲」とは意味がまったく異なります。ネット上で「湾曲的に伝える」という表現を見ることがありますが、これは誤りです。

可塑性　かそせい

意味　物体に圧力を加えたときに変形し、その力が除かれたあとにも変形したままもとに戻らないでいる性質。

例文　**年を取るほど可塑性がなくなるので、若いうちにさまざまな経験をしたほうがいい。**

解説　「意味」にあるように、元々は物理・化学の用語ですが、ビジネスでは人材育成や組織論の分野でよく使います。「人の価値観が研修などを通じて変わりやすいかどうか」「時代に合わせて組織が変化していけるか」といったことを言うときに、「柔軟性」という語の代わりに使われています。「組織が大きくなりすぎて、可塑性が失われつつある」などのように言います。

完遂　かんすい

意味　大きな事業を完全にやり遂げること。最後まで成し遂げること。

例文　**そのプロジェクトは困難を極めたが、私たちは3年掛けて完遂した。**

解説　「最後までやりなさい」の硬い表現として「完遂しなさい」という言い方をすることがあります。「遂に」という言葉の影響からか、「かんつい」と読んでしまう人がいます。「任務遂行」「未遂に終わった」などの用例からわかるように、音読みの熟語としては「すい」が使われることを覚えておきましょう。

忌憚　きたん

意味 遠慮。言うことを避け、忌みはばかること。

例文 **企画書をまとめましたので、ぜひ忌憚のないご意見をお願いします。**

解説 「忌」も「憚」も「いみきらう・はばかる」という意味を持つ漢字で、打ち消しを表す「ない」と組み合わせて「忌憚のない＝はばかることなく」という意味になります。ビジネスではよく例文のように「忌憚のないご意見を…」という使い方をします。「遠慮しないで言ってくださいね」と丁寧に言いたいときの表現です。「忌憚がある」「忌憚が多い」といった使い方はしません。

矜持　きょうじ

意味 自分の役割や能力に対し、誇りを持つこと。エリートとしてのプライド。

例文 **他人のアイデアの盗用など、デザイナーとしての矜持が許さない。**

解説 「プライド」に近い意味の言葉ですが、プライドが「アスリートとしてのプライドがあるので、負けられない」「あの人はプライドが高い」とよい意味でも悪い意味でも使われるのに対し、「矜持」はよい意味でのみ使われています。インタビュー記事などで「職人としての矜持」といった使い方をよく見ます。りっしんべんの「恃」を使い、「矜恃」と表記する場合もあります。「きんじ」と読む人もいますが、本来誤りです。

言質 げんち

意味 あとで証拠となる約束の言葉。

例文 **金額のことは言質を取っておかないと、あとで揉めるよ。**

解説 例文のように、ビジネスの現場、特に営業や交渉など、条件についての話をする場面で出てきます。「相手から（こちらにとって有利な）確約をもらう」といったイメージで使われます。この場合の「質」は「抵当」という意味。あまり品のいい表現ではないため、社内などの内輪以外では使わない言葉です。他社の方に「この間、言質を取らせていただきましたよね」などと言ってはいけません。

誤謬 ごびゅう

意味 間違い。誤り。

例文 **監査の結果、有価証券報告書に誤謬が発見されました。**

解説 ビジネスでは会計やシステムの分野でよく使います。企業の根幹に関わる会計やシステム上の誤りにおいて「ミス」や「エラー」では言葉が軽くなってしまうため、こうした表現の代わりに使われるものです。それ以外の場面でも、「認識の誤謬が…」などと言うと、きちんとした感じを出すことができます。読み方には注意を。「ごびょう」ではありません。

忸怩　じくじ

意味　自分の行為や状況などが非常に恥ずかしく、深く反省する思い。

例文　**原稿が締め切りに間に合わず、忸怩たる思いです。**

解説　謝罪の場面で「こちらとしても悔しいんです」というニュアンスを出すために使われます。１０５ページの「迂闊」と同様、硬い印象の言葉なので、「ご迷惑をお掛けすることは私としても忸怩たる思いで…」などと言うと、迷惑を掛けている状況は同じでも真摯に反省している印象が強くなります。同じように、自分の行いなどを恥じて悔やむ表現に「痛恨の極みです」「慚愧《ざんき》（慙愧）に堪えません」があります。

遵守　じゅんしゅ

意味　法律・規則・道徳、あるいは目上からの指示などに従い、それをよく守ること。

例文　**競合他社で不正行為が発覚しました。当社でも改めて法令遵守を徹底しましょう。**

解説　例文の通り、「法令遵守」という形でよく使う言葉です。「法令遵守」はカタカナ語で言えば「コンプライアンス」。このほかに「命令を遵守する」というような使い方もできます。新聞では多くの場合「順守」と表記されますが、一般的には「遵守」と書きます。「遵」には「したがう」という意味があります。

潤沢　じゅんたく

意味　思う存分に使っても、まだなくならないほど、お金や物が豊かである様子。

例文　**予算が潤沢ではないので、どこかで切り詰めなければなりません。**

解説　ビジネスでは予算や人員に対して使います。予算がふんだんにあるときに「カネ、めっちゃあるよ」と言うのは少々品がないですね。このような場合に使える丁寧な表現です。この意味での類語は「豊富」。なお、お金に関する表現は、遠回しな言い方がたくさんあります。お金がないときには「心許ない」、お客さんが買うことを「お求めになる」、お値打ちのときに「お求めになりやすい」「リーズナブル」などと言い換えられるように、覚えておくといいでしょう。

順風満帆　じゅんぷうまんぱん

意味　物事が順調に運ぶたとえ。好都合な状況に置かれ、調子よく進む様子。

例文　**新郎はわが社の精鋭が集まる企画部に配属され、順風満帆のキャリアを歩んでいます。**

解説　海上で追い風を受けて船の帆がふくらんでいる様子から来ている四字熟語です。プロジェクトの進行が思い通りであると評するとき、また、スピーチなどで人物を紹介するときに、その人のキャリアの順調ぶりを表して使うことがよくあります。もちろんビジネス以外でも、「花子の人生は順風満帆だった」のように使うことができます。

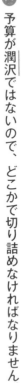

嘱望　しょくぼう

意味　望みを掛けること。将来に期待すること。

例文　**佐藤くん、開発部へようこそ。ぜひ、嘱望される人になってください。**

解説　「ぞくぼう」と読んでしまう人がいますが、「しょくぼう」が正しい読み方です。ビジネスでは「将来を嘱望される新人」というように、新入社員・若手の紹介の文脈で使用されることが多い言葉です。

逝去　せいきょ

意味　死去した人を敬って、その死を言い表す語。

例文　**お父上のご逝去に際し、謹んでお悔やみ申し上げます。**

解説　「せっきょ」と読んでしまう人がいますが、正しくは「せいきょ」です。シリアスな場面で使われる言葉ですから、読み方を間違うと気まずくなってしまいます。一種の尊敬語なので、「私の父が逝去しました」など、身内には使いません。身内の死を報告する際は「亡くなりました」「死去しました」。婉曲表現では「他界しました」「永眠しました」が使われます。「ご逝去される」と言ってしまう人がいますが、「ご～する」のセットは謙譲語なのでNG。「ご逝去」「逝去される」ならOKです。合わせて、早くに亡くなることを言う「夭逝《ようせい》」「夭折《ようせつ》」も覚えておきましょう。

脆弱　ぜいじゃく

意味 もろくて弱い様子。こわれやすく、扱いには注意の要る様子。

例文 **東京の交通インフラは大雪に対して脆弱だから、今日は早めに帰宅したほうがいい。**

解説 「きじゃく」ではなく「ぜいじゃく」です。例文の使い方以外にも、「システムの脆弱性」のように、IT用語としてよく使われます。そのほかに、組織を形容する際、たとえばキーパーソンが辞めてしまうと組織がボロボロになってしまうような状況のことを表して「組織の脆弱性」といった使い方もあります。

相殺　そうさい

意味 貸し借りや損得といった反対同士のものを差し引きすること。

例文 **展示会の手伝いには、うちの部署から何人か出しますよ。前回は迷惑を掛けたから、これで相殺ということで。**

解説 お金を扱う場面で使われることの多い言葉ですが、金銭の帳消し、差し引きに限らず、互いに迷惑や手間を掛け合っているのでお互いさまだ、というニュアンスで使われることもあります。読みは「そうさい」ですが、「互いに殺し合う」の意味で「そうさつ」と読むケースもあります。ゲームでこの言葉に出会った人もいるかもしれませんね（私もそうです）。

遡及　そきゅう

意味　過去にさかのぼること。以前の分にも影響・効力を及ぼすこと。

例文　**昨年度の経費を遡及して計上することは認められません。**

解説　例文のほかにも「クレームがあった場合は遡及して返金する」など、お金に関わる文脈でよく使われます。法律業界、医療業界などでもよく出てくる表現です。ある規定ができたときに、それが過去にさかのぼって適用されることを言います。「朔」から類推して「さっきゅう」と読んでいる例もありますが、本来誤りです。

凋落　ちょうらく

意味　①花などがしぼみ、色あせ、落ちること。②衰え、落ちぶれること。

例文　**名門と言われた一族は、先代の死後、凋落の一途をたどっている。**

解説　一時期隆盛を誇っていた会社などが勢いを失い、見る影もなくなったと評するときに使われます。読み方に注意。類語として「没落（栄えていたものが衰えて滅びること）」「衰退（衰えて勢いを失うこと）」「零落《れいらく》（とことんまで落ちぶれてしまうこと）」などがあります。

月極　つきぎめ

意味　1カ月を単位にして料金を決め、約束をすること。また、その契約。

例文　**月極駐車場　無断駐車禁止　お問い合わせはKADOKAWA不動産へ**

解説　例文にある通り、駐車場にある看板でよく見る表現です。今で言う月額のサブスク契約ですが、小学生のときにこの看板を見て「げっきょく」と勘違いし、そのまま大人になってしまった人が時々いるようです。駐車場以外に、契約の実務でも使われる言葉です。なお、「日極」「週極」「年極」は基本的に使われません。

踏襲　とうしゅう

意味　前人のやり方や考えを、そのまま受け継いで自分のものとすること。

例文　**昨年の形式を踏襲し、暑気払いは営業2課と合同で行います。**

解説　「受け継いだだけで、何も工夫がない」という否定的なニュアンスで捉えている方もいるかもしれませんが、「踏襲」という言葉そのものには、よいニュアンスも悪いニュアンスもありません。「前例を踏襲しているにすぎない」のように、使い方によって悪い意味になることもあります。似た言葉に「継承」がありますが、こちらは元のものに対する敬意が強く感じられる肯定的な語です。

陶冶　とうや

意味　人の素質や才能を鍛えて引き出し、立派に育て上げること。

例文　**ビジネスマナーだけでなく、人間性も陶冶されるような新人研修を企画しましょう。**

解説　「陶器や鋳物を作ること」が転じてこの意味になりました。単に能力面の向上だけではなく、「人格を陶冶する」と言うように、精神面の向上も含意します。同じ「陶」の字を使う表現に、「薫陶《くんとう》を受ける」があります。人格・品格面でも優れた師匠から影響を受け、能力や人間性が成長することを言います。「山田先生の薫陶を受けた」のように使います。

便宜　べんぎ

意味　①都合のいいこと。②特別の取り計らいをすること。

例文　**結婚して名字が変わったが、便宜上、旧姓で仕事をしている。**

解説　例文の「便宜上」のほかに、「便宜を図る」という表現もよく使います。「よいように計らう」という意味です。特に具体的な内容を言わずに、「便宜を図る」「便宜を供与する」という場合、裏で賄賂などの不適切な計らいを行うことの婉曲表現になることがあります。間違って「びんぎ」「びんせん」などと読んでしまう人が多いので、間違って覚えていた人はこの機会にしっかり確認しておきましょう。

使い方を間違うと恥をかく10の言葉

続いては、使い方を間違うと恥をかく言葉です。語彙力向上のためには、ちょっと背伸びをした表現を使ってみるのが望ましいのですが、この項目で取り上げた言葉は、使用語彙になりきっていない、つまり自分の言葉になっていない状態で使うと、かえって恥をかいてしまう可能性が高いものです。なぜなら、ここに載せたものは、言葉の本やテレビのクイズ番組などでよくネタになっている言葉なので、**使い方を間違えたときに気付かれやすい**からです。

とはいえ、必要以上に恐れることはありません。言葉の使い方を正しく理解できるよう、それぞれの言葉がなぜその意味になるのか、どのような誤用が多いのかを解説します。解説を見ながら由来や使い方を確認していきましょう。

本文中で「鑑みる」という表現を取り上げましたが、言葉をきちんと理解すると、この表現を使う際は「前例を鑑みる」ではなく「前例に鑑みる」が正しいことがわかります（辞書によっては、「を」の例ももう許容してしまいましょう、という方針のものもありますが）。「てにをは」の違いは瑣末《さまつ》なことのようにも思えますが、わかっている人が見ると、「前例を鑑みる」はなんだか気持ちが悪いな、と引っ掛かり、その違和感が不信感につながってしまいます。自分が誤用してしまっている言葉がないか、確認してみてください。

Yoshida's memo

みんなが間違いやすいことで有名な表現は重点的に学習しておこう。

与る　あずかる

意味 物事に関与すること。特に、好意や恩恵などを受けること。

例文 **お褒めに与り、身に余る名誉でございます。**

解説 「預かる」と書いてしまう誤りが非常に多い言葉です。漢字を間違うのは意味をきちんと理解できていないから。「関与」の「与」ですから、「意味」にあるように、「関係する」の意なのです。「私の与り知らない話だ」といった使われ方があります。さらに、ありがたいことに関わるということで、恩恵を受けるニュアンスで、「ご紹介に与り」「お招きに与り」といった使い方ができます。

割愛　かつあい

意味 惜しいと愛着を持ちながら手放したり、省略したりすること。

例文 **残りの祝電は時間の都合で割愛し、お名前のみ読み上げさせていただきます。**

解説 単に「省略する」の意で使っている人がいますが、「名残惜しく思う」の意の「愛惜《あいせき》」という語があるように、「愛」という字には「惜しむ」というニュアンスがあります。ですから「割愛」は「惜しんで省略する」を意味します。プレゼンなどでよく「私の自己紹介は割愛しまして」と言う人がいますが、自分の紹介を「省略するには惜しいもの」と言っていることになってしまうので、この使い方は誤りです。

鑑みる　かんがみる

意味 過去の例や手本、社会規範に照らし合わせてよく考えて判断する。

例文 **今期の実績に鑑み、渡辺くんの人事評価はAとしました。**

解説 「考える」を難しく言った表現だと勘違いしている人が多いのですが、「鑑」という漢字は「かがみ」の意を表し、そこから「鑑みる」は「照らし合わせて考える」「考え合わせる」という意味になりました。「かがみに照らし合わせる」わけですから、「…を鑑みる」ではなく「…に鑑みる」が本来正しい表現であることがわかりますね。ただし、「…を鑑みる」と使っている例がかなり多いので、「…を」の形を許容している辞書も出てきています。

しめやかに　しめやかに

意味 ①静かな様子。②悲しげに気持ちが沈む様子。

例文 **葬儀は近親者のみで、しめやかに執り行われた。**

解説 「しんみりとした悲しい様子」を表す言葉ですが、「静かで厳粛な雰囲気」と勘違いして「結婚式がしめやかに行われた」などと言ってしまう人が少なくありません。悲しげで、お葬式によく使われるのが「しめやかに」であり、結婚式や卒業式に用いると、縁起が悪いことにもなりかねないので、くれぐれも誤用に気を付けましょう。

すべからく　すべからく

意味　あとに「べし」を伴って「当然〜べきだ」の意。

例文　**仕事で成功したいなら、すべからく研鑽に励むべきです。**

解説　あることを必須のものとして示す際に用いられます。「当然に、ぜひとも」の意の言葉ですが、「すべて」と勘違いして、「成功者はすべからく努力している」と「みんな・誰もが」という意味で使っている誤用が見られます。「すべからく」は「須らく」と書き、元々は漢文で「すべからく…すべし」（ぜひ〜するべきだ）と使われる再読文字でした。

世間ずれ　せけんずれ

意味　実社会の苦労に揉まれて、悪賢くなったり、純粋な心を失ったりした状態。

例文　**あの子、なんだか世間ずれしちゃったよね。**

解説　「世間に慣れ、ずる賢くなる」の意ですが、「ずれ」の語感に影響されてか、「浮世離れしている」「世間からずれている」という意味だと勘違いした例が見られます。世間ずれは漢字で書くと、「摩擦」の「擦」を使った「世間擦れ」。「擦れる」は「世間で揉まれていろいろな経験をし、悪賢くなる」の意味を持つため、「ずる賢くなる、純粋な心を失う」の意で使われるのです。

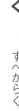

他山の石　たざんのいし

意味 他人の言葉や行動がいかにつまらなくても、少しは自分を磨く助けになるということ。

例文 **以上が私の新人時代の大失敗です。皆さんはどうぞ他山の石としてください。**

解説 この言葉は元々、中国の古い詩集「詩経」にある「よその山から出るつまらない石でも、自分の宝石を磨く役に立つ」という一節に由来します。「よその悪いことを自らの学びとする」という意味の表現ですが、「先輩などの言動を見習い、参考にする」と勘違いした使用例が見られます。「玉石混交《ぎょくせきこんこう》（混淆）」と言うように、「石」という漢字は「玉（宝玉）」と対比され、「価値の低いもの」の意があるため、この場合の「石」は「悪い例」を示すというのが正しい理解です。

卑下する　ひげする

意味 自分で自分を卑しめ低く言うこと。

例文 **ミスをしたからって、そんなに自分を卑下しなくていいよ。**

解説 他人を批判したり誹謗中傷したりという意味で使っている例が多く見られます。その用例も可とする考え方もありますが、やはり本来は自分を下げる言葉ですので、基本的に自分に対して使う言葉として覚えておきましょう。日本語には、自社を「弊社」「小社」、自作を「拙作」と言うなど、自分の側を下げる表現が多いのです。

耳ざわり　みみざわり

意味　聞いて不快でわずらわしく感じられるもの。

例文　**給湯室の換気扇が耳ざわりな音を立てています。故障だと思うのですが。**

解説　漢字で書くと「耳障り」。耳に「障る」＝「よくない影響を受ける」ことから、「聞き苦しいもの」に対して用いる表現です。決して「耳触り」ではないことを押さえておきましょう。「手触り」などのように、「耳ざわり」の漢字を「触」と勘違いして「耳触りのいい音楽」などと誤用している人が多い表現です。

役不足　やくぶそく

意味　自分の実力に対し、役目が軽いこと。不釣り合いに低い扱いを受けること。

例文　**さぞ忙しいだろうと思って軽い役目を振ったんだ、どうか、役不足だと不快に思わないでくれよ。**

解説　正しくは「役が軽くて実力に見合わないこと」の意ですが、「役の重さに実力が足りないこと」という意味での誤用が見られます。「新人の私が大口の顧客を担当するなんて、役不足です」などと使っている例がありますが、不遜な意味合いになりかねません。「新人の私が大口の顧客を担当するなんて、荷が勝ちます（荷が重いです）」なら正しい表現になります。

改まった場面に必要な22の硬い言葉

大事なプロジェクトを任された。

自分のミスをこれから挽回しなければならない。

このようなときに口から出てきた言葉が「頑張りまーす!」のような軽いものでは、「この人に任せて本当に大丈夫だろうか」と、周囲の人を不安にさせてしまいます。こういうときに「精進いたします」などのふさわしい表現を使えるかどうかで、周囲からの評価が変わります。

あるいは、「上司が作った取引先への提案資料の文言が上から目線に感じられる」といった状況で、部下からは「これ、偉そうじゃないですかね」と率直には、なかなか指摘しづらいわけです。でも、「ともすると不遜だと受け取られうるかと存じますが…」と改まった言い回しができれば、同じ内容でもちょっと言いやすそうな気がしませんか?

「精進」や「不遜」といった硬い言葉は、**新聞や本を読むためだけでなく、改まった場面、シリアスな場面で使うのにも役立ちます。**このような言葉には、発言が軽くなったり失礼になったりするのを防ぎ、文を引き締める効果があります。

この項目では、仕事でシリアスな場面に遭遇したときのために、押さえておきたい22の言葉を取り上げました。「例文」では×の例として、硬い言葉を使わなかった場合の文を挙げています。聞き手に与える印象の違いを感じてみてください。

Yoshida's memo　改まった場面では、服装・表情同様、言葉も引き締まったものに。

乖離　かいり

意味　あるものから、かけ離れている状態。背き離れること。

例文　事前に渡されていた資料での情報と現場を見たときの実情が大きく違っていたとき

×資料と全然違うじゃないですか。

○資料と実態に乖離がありますね。

解説　「理想と現実の乖離」「目標数値からの乖離」など、本来あるべき状態と現実が大きく離れていることを指摘するときに使います。

可及的速やかに　かきゅうてきすみやかに

意味　できる限り急いで。

例文　購入した商品が不良品だったとクレームを受けたときの、お詫びの文書

×なるべく早く代わりの商品を送ります。

○可及的速やかに代わりの商品を送付いたします。

解説　契約書や規約などでよく見る言葉です。似た意味の言葉の「遅滞なく」よりももう少し切実で、英語で言う「ASAP（as soon as possible）」にあたるのが「可及的速やかに」です。「遅滞なく」よりも急ぎの度合いが強く、「できるだけ早く」「なるはや」を硬い言葉で言うのに使います。

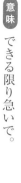

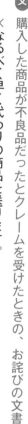

【瑕疵　かし】

意味　①欠点や過失。②法律上、なんらかの欠点があること。

例文　住宅を売却しようとするお客さんに、不動産会社の担当者として説明するとき

×家のコンディションに問題があるんなら、先に言っとかないとダメなんです。

○物件に瑕疵がある場合、瑕疵の内容を告知する義務があります。

解説　前項の「可及的速やかに」と同様に、契約書などでよく見かける言葉です。こういった法律用語寄りの言葉は行政や法律の文書でよく使われるのですが、こうした業界で働く人の間では法律用語の枠を超えて、普段のやり取りでも使用されることがあります。

弁護士などの士業、会社員などの人は、専門用語に加え、硬質な熟語を日常的に使うケースが多く、その一例に、「思料《しりょう》」があります。「私は○○だと思います」と言う代わりに「○○と思料いたします」のように使われます。

ほかにもよく見かける表現は「不作為」。「積極的な行為をしない」という意味ですが、具体的には、倒れている人を助けずに見過ごすなど、「本来であれば積極的に関与することが期待されている行為があるのに、それをしない」ということを責めるニュアンスで使われています。

【葛藤　かっとう】

意味　①複数の人同士の対立。②内心に矛盾する欲求を抱え、迷う状態。

例文　途中に意見対立もあったが、最後はまとまったことを言って

×**新たな取り組みには賛否があって揉めましたが、最終的には皆、賛成しています。**

○**新たな取り組みに組織内で葛藤もありましたが、最終的には意見の一致を見ました。**

解説　「揉めた」「対立した」などとはっきり言いにくいものです。改まった報告では、「葛藤」「軋轢《あつれき》」「摩擦」など、硬質かつ婉曲的な表現が役に立ちます。

【及第点　きゅうだいてん】

意味　試験や審査などで合格する点数。合格ライン。合格できる最低点。

例文　取引先でのプレゼンを終えて、同行してもらった上司に出来を聞くとき

×**まあまあうまくできたと思うんですけど、どうですか?**

○**自分では及第点かと思うのですが、いかがでしょうか。**

解説　会話の「まあまあ」「まずまず」、よりくだけた表現で言えば「ギリOK」の硬い表現です。上司から部下へ、先輩から後輩へのフィードバックのほか、自分自身の出来についても使うことができます。「合格できる最低点」であり、「100点満点」よりも謙虚な印象になるため、自分に対して使うと、謙遜の意を込められます。

糾弾　きゅうだん

意味 罪状や過失、社会への悪影響を問いただし、厳しく批判すること。

例文 謝罪で自分の過失を認めて

×私の行いは炎上しても、叩かれても仕方ないです。

○私の行いは糾弾されて然るべきだと理解しております。

解説 報道では、不祥事を起こした政治家・経営者らを厳しく追及する文脈で使われます。「叩く」「燃やす」などのネットの表現だけでなく、こうした言葉も覚えましょう。

僥倖　ぎょうこう

意味 偶然の思いがけない幸せ。もっけの幸い。

例文 シンポジウムで学生時代の恩師に偶然再会して

×5年ぶりに会えて、めっちゃラッキーでした。

○5年ぶりにお目にかかれたのは僥倖でした。

解説 「思ってもみなかったことで、とても幸い」と言いたいときの硬い表現で、予想外の幸運のことを意味します。自分の力で勝ち取ったのではなく、ラッキーに恵まれたというニュアンスがあるため、謙虚な印象を与えることもできます。漢字が難しいので書けるようにまでならなくてもＯＫですが、読めるようにはなっておきましょう。

形骸化　けいがいか

意味 実質的な中身、当初の意義や目的などが見失われ、形式だけが残った状態。

例文 改革の必要性を訴えて

×今の評価制度はもう意味がないので、アップデートしましょう。

○現行の評価制度は形骸化しており、時代や社内の実態に即した制度刷新が必要です。

解説 「形骸化」の「骸」は骨のこと。肉などがなくなり、骨だけになってしまったように、制度などの形だけが残り、意味や効果が薄れてしまっている状態です。

慧眼　けいがん

意味 物事の本質をただちに見抜く鋭い眼力。

例文 業績好調に見えた取引先の倒産を予見していた上司に

×あの会社がヤバいって気付いてたなんて、するどいっすね。

○あの会社の経営状況を見抜いていらしたなんて、慧眼ですね。

解説 「慧」は人名で「さとし」と読ませることがあるように、さとい、つまり「賢い」という意味を持つ漢字です。深い知恵を指して「智慧」と書くこともあります。「眼」を使った表現には「千里眼《せんりがん》」「眼光紙背《がんこうしはい》に徹す」など、物事を見通す、真実を見抜くといったような意味を持つものが多くありますが、「慧眼」も洞察力を褒める言葉です。

研鑽・精進

けんさん・しょうじん

意味

研鑽：学問・技芸などを磨き、深く究めようと努力すること。

精進：①身を清め、行いを慎むこと。②あることに打ち込んで懸命に努力すること。

例文

採用面接で休日の過ごし方を聞かれて

×**休みの日は資格の勉強をして、頑張っています。**

○**休みの日は資格の勉強をするなど、自己研鑽に励んでいます。**

解説

「研鑽」はよく「自己研鑽」の四字熟語の形で使います。「精進」は「精進料理」と言うように、元々は仏教に関係する単語でしたが、今は仏教に限らず、1つのことに打ち込んで努力することを指します。

膠着状態

こうちゃくじょうたい

意味

①ぴったり貼り付く様子。②物事がある状態で止まり、動きが取れない状態。

例文

役職者が多数参加する会議で、プロジェクトの進捗を尋ねられて

×**実は、全然ダメでして…。**

○**実は、膠着状態に陥っておりまして…。**

解説

「膠《にかわ》」とは日本で昔から使われる動物由来の接着剤のこと。接着剤で固まったように動かない状態を言い、「行き詰まっている」「にっちもさっちもいかない」ことを表します。

固執　こしつ・こしゅう

意味 他人の批判を聞き入れず、自分の意見や特定の状態に強くこだわり、譲らないこと。

例文 ほかの業務を疎《おろそ》かにして1つの案件ばかりに取り組む人を注意するとき

×いつまでもそればっかやっていないでよ。

○その案件ばかりに固執するのはやめましょう。

解説 「こだわり」「頑固」はよい文脈でも悪い文脈でも使われていますが、「固執」はもっぱら悪い意味で、どこまでも自分の意見を譲らない、はたからすれば迷惑な状態を指しています。

暫定的　ざんていてき

意味 仮にしばらく定めておくこと。流動的に変わる可能性を残しつつも、一時的に決めておくこと。

例文 変わる余地があるが、当面はこの布陣で取り組もうと言うとき

×とりあえずこのメンバーで行きましょう。

○暫定的にこのメンバーで始めましょう。

解説 「暫」の訓読みは「しばらく」で、「暫定的」は仮にしばらく決めておくことを言います。対義語は「恒久的」「固定的」です。

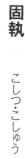

収束　しゅうそく

意味　混乱などがおさまること。まとまらなかったものがまとまって落ち着くこと。

例文　トラブル解決の見通しを報告して

×あと数日で一段落しそうです。

○あと数日で収束する見込みです。

解説　「落ち着きそう」「何とかなりそう」の代わりに使える言葉です。ブレインストーミングなどでいろいろな意見が出たときに、意見をまとめていくことを「議論を収束させる」と言います。

趨勢　すうせい

意味　物事の成り行き。トレンド。

例文　調査をもとに市場の動向を説明して

×新たなSNSが取って代わるのか、まだわからないので、もうちょっと待ちましょう。

○新たなSNSが取って代わるのか、もう少し趨勢を見守る必要があります。

解説　「流行」「ブーム」が一時的なもので、そのうち終わるニュアンスを伴うのに対し、「趨勢」は社会・業界が全体としてそちらに向かって変化していく流れを言うのが一般的です。

造詣　ぞうけい

意味 学問・芸術・技術などに人並み以上の理解・知識を持っていること。

例文 イベントにて、司会者として登壇者を紹介するとき

×**フランス映画に詳しい田中太郎先生に来ていただきました。**

○**フランス映画に造詣の深い田中太郎先生にお越しいただきました。**

解説 「○○オタク」「○○マニア」を、きちんと言う表現です。ただ雑学的に細かいことを知っているだけでなく、深い教養があると感じさせる言葉。「ぞうし」と読まないように。

齟齬　そご

意味 物事の食い違い。かみ合わず、うまく行かないこと。

例文 言うことがコロコロ変わる取引先に

×**この前言ってたことと違ってますよね？**

○**先日おっしゃったことと齟齬があるように思うのですが。**

解説 いずれの字にも「歯」が含まれる通り、かみ合わない、ズレていることで、「認識に齟齬がある」などと使われます。相手と自分とのズレにも、例文のように1人の人の中でのズレに対しても使えます。「矛盾していますよ」と言うよりも客観的な印象で指摘することができます。

逼迫　ひっぱく

意味　金銭的・時間的・人員的に追いつめられ、ゆとりがない状態。

例文　予算が限られている状況を説明して

×年度末で、もう部署の予算がピンチです。

○年度末ということもあり、部署の予算が逼迫しています。

解説　「ヤバい」をどう言い換えるかは語彙力の見せどころ。ギリギリの困難な状況について、客観性を残しつつ、「まずい！」と焦った気持ちをにじませて使えるのがこの熟語です。

不遜　ふそん

意味　思い上がって人を見下すような態度。

例文　困った後輩について、上司に相談するとき

×彼の調子に乗った偉そうな態度、イラっとするんですよ。

○彼の不遜な態度は目に余ります。

解説　「調子に乗っている」、くだけた言葉で言うなら「イキってる」という意味です。強い語なので、相手に面と向かって使うことはあまりなく、主に第三者の態度を評して使います。自分に向けて「不遜に見えないように気を付ける」などと、傲慢で調子に乗っている感じに見えないように注意している、という場合にも使えます。

不退転の決意　ふたいてんのけつい

意味 一度決めたことを最後まで貫き通すと心に強く決めていること。

例文 期末面談で、最近目立った成果を上げられていないことを上司に指摘されて

×来期はマジ本気でやります。

○来期は不退転の決意で臨みます。

解説 ビジネスや目上の人とのやり取りでは、×の例文のようなものよりも、「不退転の決意」や類語の「背水の陣」をキラーフレーズとして使うとスマートです。「背水の陣」は一歩も退かない決死の覚悟で物事にあたることで、戦のときに、逃げにくい川を背にして陣を敷き、兵士を必死の覚悟で戦わせたという中国の故事に由来します。

揶揄　やゆ

意味 皮肉を言うなどして面白おかしくからかうこと。

例文 社内にセクハラのガイドラインを示して

×外見をいじったり悪口を言ったりするのもダメです。

○外見を揶揄するような表現も厳禁です。

解説 容姿や言動をからかうことのほか、一生懸命取り組んでいる人に対して冷笑的言動を取ること、諷刺《ふうし》画などを用いて皮肉に政治を批判することにも幅広く使われます。

言いにくいことを伝えるときの22の大和言葉

大和言葉と聞くと、俳句の季語のようなものを想像する人もいるかもしれませんが、日本固有の言葉、漢字で書いたときに訓読みになる表現を幅広く大和言葉と言います。たとえば、漢語では「柔軟」、カタカナ語では「フレキシブル」なのに対し、大和言葉は「しなやか」です。この大和言葉、実はビジネスの際に便利な語彙も豊富にあります。

大和言葉の利点に、**語彙に婉曲的な表現が多く、話したときに柔らかく響く**ことがあります。たとえば断りたいときに、「不可能です」と言ってしまうとかなり強い言葉になりますが、代わりに「あいにく～いたしかねます」と言えば、同じ意味のことを言っていても、ずいぶん優しい印象に変わります。ほかにも、頼まれていた仕事が締め切りに間に合わない場合に、「ご迷惑をお掛けして」と言うと相手に「実害」を強く印象づけてしまいますが、「気を揉ませてしまって」と大和言葉を使うと、その実害感があいまいになります。

ここではビジネスパーソンの実用性という観点から、**依頼や要求を断らなければならないときや、聞きづらいことを尋ねたいときなどに柔らかく伝えられるような言葉**を取り上げます。特に、接客をする仕事に就いている人は、大和言葉をコミュニケーションに取り入れると非常に役立ちますし、上品で素敵に見えます。女性的な印象があるかもしれませんが、男性ももちろん使える言葉です。

Yoshida's memo　語彙には硬いものだけでなく、柔らかいものも。言葉を幅広く学んで使い分けよう。

あいにく　あいにく

意味 不都合にも。期待や予想通りに行かず無念であること。

例文 **あいにく、今週はスケジュールが埋まってしまっておりまして。**

解説 個人的に残念に思う気持ちを表現する言葉です。「自分としては取り組みたいと思っているのだけれど、（先約があるなどで）どうしても叶わない事情がある」と言うときの断りの文句でよく出てきます。相手の期待に添えないことに対して残念な気持ちがあるというニュアンスをにじませる言い方です。その意味で「〜かねます」と組み合わせて使いたい言葉です。

あしからず　あしからず

意味 意向に添えないが、どうか悪く思わずに、と願う気持ちを伝える。

例文 **原価高騰のため、来月より値上げいたします。あしからずご了承ください。**

解説 漢字で書くと「悪しからず」。相手に寛大な了解を求めるときに用います。「自分が今からすることは、あなたのご期待に添えず、あなたを怒らせたり悲しませたりするかもしれないけれども、こちらとしては悪意を持ってしていることではないので、どうか悪く思わないでください」というニュアンスです。近い表現に「ご期待に添えず恐縮ですが、何卒ご寛恕《かんじょ》ください」があります。

お暇する　おいとまする

意味　①訪問先から退出し、帰って行くこと。②退職・辞任すること。

例文　**明日は早朝から予定があるので、すみませんが私はそろそろお暇します。**

解説　宴席や交流会などの集まりで、先に抜けて帰るときに使う言葉です。みんなが盛り上がっているときに「もう帰ります」は直接的すぎて失礼になりかねませんが、この表現なら「先に帰るのは残念なのですが、失礼させてください」と、その場を尊重している気持ちを示すことができます。こうした場の尊重のニュアンスを持つことから、目上の人に対してだけでなく、同等の立場の人の集まりで使うこともできます。

お体に障る　おからだにさわる

意味　身体によくない影響を与える。健康を害する。

例文　**もう5杯目ですよね？　飲みすぎはお体に障りますよ。**

解説　目上の人に対し、身体によくない影響があるからやめましょう、と柔らかく意見するときの表現。お酒をたくさん飲んでいたり、遅くまで仕事をしていたりする相手に使用します。尊敬語の「お」がつくので、この形で自分に対して使うのは変です。よく使われるのが、お見舞いのとき。「もっとお話ししたいのはやまやまですが、これ以上長居してお体に障ってもいけませんので…」などと、訪問や電話を切り上げる際に使います。

おこがましい

おこがましい

意味 分をわきまえず、出しゃばりすぎている。

例文 **私が言うのもおこがましいのですが、部の方針と課の方針に齟齬がありませんか?**

解説 目上の人に意見する後輩や部下に「そんな態度はおこがましいぞ」と注意したり、例文のように、自分が目上の人に意見する際のクッション言葉として使ったりする言葉です。「おこ」は元々「愚か」という意味で、古典では「おこがましい」は「ばかばかしい」の意で使われていました。身分が下の者が上の者に物申すのは愚かなことであったからです。

お心づくしの

おこころづくしの

意味 相手が満足するよう真心を込める。あれこれ気を配って行う。

例文 **お心づくしのおもてなしをいただき、痛み入ります。**

解説 よい贈り物をもらったときであるとか、食事の席で高級なお店に招いてもらったときなどに、「高級なものをありがとうございました!」と生々しくは言いませんね。こういう場合は背景にある気持ちに着目して感謝を述べるのがスマートです。相手が心を尽くしてもてなしてくれたことへのお礼として、例文のような表現を使います。ほかに「至れり尽くせりの」「ご厚情」といった表現もあります。

恐れ入ります　おそれいります

意味　相手の厚意や骨折りに、あるいは自分の過失や未熟さに対し、かえって申し訳なく思う。

例文　**本日はお足元の悪い中お越しいただき、恐れ入ります。**

解説　「すみません」を上品に伝える言葉です。混雑した電車から降りるため、目の前にいる人にちょっとよけてもらうような、「謝罪するほどではないけれど、相手に迷惑を掛けて申し訳ない」というときに使えます。「すみません」と同様に万能の言葉で、人にちょっと声を掛けるとき、あるいは褒められて謙遜するときなどにも使えます。目上の人が手伝いを申し出てくれたときなどに便利です。

お力添え　おちからぞえ

意味　力を貸して助けてくれることを、相手を敬って言う。

例文　**中村さんのお力添えがなければ、このプロジェクトは成立しませんでした。**

解説　例文のようなお礼の使い方以外に、手伝ってほしいという依頼の文で使うこともできます。具体的に手伝ってほしい作業がある場合だけでなく、「自分は企画書を出すけれど、あなたは反対しないでくださいね」といった、邪魔をせずに見守ってほしいという温度感の場合も含みます。似ている言葉に「お力になる」がありますが、こちらは「微力ながら、お力になれれば幸いです」のように、自分が誰かを助ける際に使います。

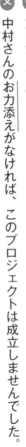

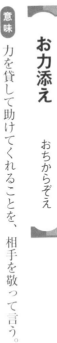

お含み置きください　おふくみおきください

意味　ある事情を心に留めておいてくれと頼む。

例文　**在庫状況により、お届けにお時間を頂戴する可能性をお含み置きください。**

解説　ビジネスでは、お知らせの文面などで「事情などをあらかじめ理解しておいてください」と伝える際に使います。いつもそのことばかり考えてほしいわけではないけれども、リスクがあることを頭の片隅に置いておいてくださいね、くらいのニュアンスです。「覚えておいてください」と言うと命令しているようにも聞こえますが、こちらは柔らかく響きます。似たような意味では、熟語を使った「ご承知置きください」という表現があります。

お目通りが叶う　おめどおりがかなう

意味　敬うべき人に会うことができる。

例文　**山本先生へのお目通りが叶い、感激しております。**

解説　前々から会いたいと思っていたり、自分の立場では普通はなかなか会うことができなかったりする人との面会が実現した際に使います。日常では謙譲語の「お目にかかる」が使われますが、相手に会えたことが光栄だと強調するときには、より丁重なこちらの表現がよいでしょう。「素晴らしい人に貴重な機会をいただけた」という謙虚な喜びを表します。ほか、主に女性が使う言葉として「おめもじが叶う」もあります。

お呼び立て　およびたて

意味 人をわざわざ呼び出すこと。「お」は呼び出す相手を敬って謙譲語としたもの。

例文 **お呼び立てしてしまって、申し訳ありません。**

解説 打ち合わせなどで、自分の都合で相手に出向いてもらうときに使います。「本来であれば自分のほうが足を運ぶ手間を払わなければならないのに、来ていただいて申し訳ない」という控え目な姿勢です。熟語を用いて「ご足労をお掛けして」とも言えます。似たような言葉には「お使い立て」があり、「お使い立てしてすみません」のように使います。こちらは呼び付けるというよりは、用事、特に雑用を済ませてもらうことを表します。

折悪しく　おりあしく

意味 間の悪いことに。あいにくのタイミングで。

例文 **その時間は折悪しく先約が入っておりまして。**

解説 「タイミングが悪い」を失礼のないよう丁寧に言うときの表現です。ほかにも「折悪しく雨が降ってまいりましたが、どうぞお気を付けてお帰りください」と、相手を気遣う文脈で使うことができます。「タイミングが悪い」の言い換えとしては、「間が悪い」もあります。

折り入って　おりいって

意味　その人を選んで特別に頼むときに使う。ぜひとも。

例文　先生に折り入ってご相談があります。私の結婚式で主賓のスピーチをお願いします。

解説　元々は「わざわざ季節を選んで」というニュアンスから来ているとも言われますが、現在では「特別にこの人・この機会を選んで相談する」というニュアンスで使われます。会社では「退職したい」「パワハラを受けている」など、いきなり打ち明けることがためらわれるような重い話をする際、直接話をする前にメールで「折り入ってご相談なのですが」と切り出すのが定番です。上司をドキドキハラハラさせるフレーズですね。

～かねます　かねます

意味　動詞の連用形に続いて、することができないという意味。

例文　申し訳ございませんが、レシートのない返品・交換は対応いたしかねます。

解説　「部長と課長を兼ねる」の「兼ねる」とは別物で、「しようとするけれどできない」の意。断るときに「そうしたいのはやまやまなのですが、ちょっと難しいんですよね」という気持ちを表すために使う表現で、「できません」では言い方がきつくなる場合に便利です。「できかねます」と使う例も見ますが、元々「～かねます」の中に「しようと思ってもできない」と「不可能」の意味が含まれるため、「～しかねます」で構いません。

気を揉む　きをもむ

意味 いろいろと悪い展開を心配してやきもきする。

例文 **その後ご連絡をいただいていなかったため、気を揉んでおりました。**

解説 ビジネスではオノマトペ的表現は違和感があり、「イライラ」「ムカムカ」といった言葉はなかなか使えません。そんなときの代替語として便利な表現です。「返事が来ないのでイライラしました」とは言えませんが、「返事が来ないので気を揉んでおりました」ならば、なぜか言ってもよい雰囲気になるのが、言葉の面白いところです。「お客様に気を揉ませないよう、早く連絡しなさい」といった形でも使えます。

心ばかりの　こころばかりの

意味 自分の気持ちのほんの一端を示すだけのもの。気持ちばかり。

例文 **心ばかりの品で恐縮ですが、ご退職祝いです。どうぞお納めください。**

解説 「ほんの気持ちですけれども」の意味で、贈り物をするときなどに謙遜して使う言葉です。近年、謙遜しすぎるのも鼻に付くと考える人が増えていることもあり、「つまらないものですが」は使われなくなってきています。その代わりに使える言葉だと覚えておくとよいでしょう。なお、これを熟語で言うと「寸志」。ちょっとした謝金を渡すようなとき、封筒に書く言葉です。

心を砕く　こころをくだく

意味　いろいろと気を回し、できる限りの力を尽くす様子。

例文　**うちの上司は部下の業務量の管理に心を砕いてくれている。**

解説　心身をすり減らして心配することを表す言葉で、気を遣ったり悩んだりしすぎて、心がガラスのように砕けてボロボロになるというイメージです。例文以外にも、「どれだけ気を遣ったと思っているんだ？」の意で「君の育成に私がどれだけ心を砕いたと思っているんだ！」などと、怒りの気持ちをにじませることもできます。「心を砕いてくださってありがとうございます」とお礼を言うときに使うことも。熟語で言うと「腐心する」です。

さしあたり　さしあたり

意味　今のところ。当面のところ。目下。

例文　**今月の売上目標はクリアできる見込みで、さしあたり問題はありません。**

解説　熟語で言うならば「当面」です。打ち合わせで誰かの到着が遅れるようなとき、「とりあえずこのメンバーでやりますか」と「とりあえず」を用いると、悪い意味で適当な印象を与えてしまいますし、メンバーに目上の人が含まれている場合は特に、失礼に当たります。こんなときは「さしあたりこのメンバーで始めましょう」と言うと、同じ趣旨でも感じがよくなります。上品な言葉には、いい加減な印象を消すという、嬉しい効果があります。

忍びない　しのびない

意味　するのに耐えられない。するのがためらわれる。

例文　**ランチに加えてお茶までご馳走になるのは忍びないので、ここは払わせてください。**

解説　この場合の「忍」は「忍耐」の意です。「見るに忍びない」と言えば、「かわいそうで見ていられない」ですし、「聞くに忍びない」なら「気の毒で聞いていられない」。ビジネスでは「お願いするのは忍びないのですが、もう一度だけ修正していただけませんか」などと使います。「お願いするのはこちらとしても心苦しく、耐えられないほどなのですが、すみません」と、申し訳なさをにじませながら謙虚にお願いするときのフレーズです。

つつがなく　つつがなく

意味　病気など特に変わったこともなく、いつも通りの様子でいる。

例文　**おかげさまで、父も母もつつがなく過ごしております。**

解説　目上の人に家族の様子を尋ねられたときなどに、「元気で平穏にやっている」ことを控えめに伝える言葉です。ほかに、「大成功までは望まないから、失敗せずに終わってほしい」という意味で「つつがなく会が終わりますよう、ご協力ください」のような言い方もできます。日本人は成功をアピールするよりは「おかげさまで、つつがなく終わりました」と謙虚に答えるのを好む傾向がありますね。

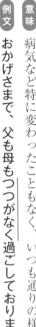

ひとかたならぬ　ひとかたならぬ

意味　程度が並々でない。

例文　**在職中はひとかたならぬご支援を賜り、誠にありがとうございました。**

解説　古文にも登場する昔からの言葉で「通り一遍ではなく、尋常ではないほど」という意味。現在ではほとんどが「ひとかたならぬご支援を賜り」「ひとかたならぬお世話になり」の形で、「ご支援」「お世話」などの名詞にかかり、深い感謝の意を伝えるときに使います。似たお礼の表現に「並々ならぬお力添え」「格別のお引き立て」があります。

不躾な　ぶしつけな

意味　礼儀や作法をわきまえず、露骨で遠慮がない態度。

例文　**不躾なお願いで恐縮ですが、A社の鈴木さんの連絡先を教えていただけませんか？**

解説　「身が美しい」で「躾」ですが、その躾がなっていないということ。自分で自分の躾がなっていないと下げることで、謙虚な姿勢を示そうとする言葉です。「このような厚かましいお願いをするなんて、無礼であるのはわかっているのですが、それでもお願いしたい」と、無理なお願いをしたいときに使える表現の1つです。クッション言葉は「申し訳ありませんが」などとワンパターンになりがちなので、選択肢をたくさん持っておけるとよいですね。

似ているけれど実は違う22の言葉

続いては、似ているように見えるけれども実ははっきりとした違いがある言葉を11セット、22語取り上げます。

「違い」と言っても、それぞれの違いの角度は異なっています。たとえば151ページで取り上げる「薫陶を受ける」と「私淑する」は、意味は似ているけれども言葉のニュアンスが少し異なるというタイプのもの。**本来伝えたいニュアンスではないほうの言葉を使ってしまうと、相手の人と話がかみ合わなくなるかもしれません。**

153ページの「厚意」と「好意」は、音は同じで意味が違うという例で、この2つを混同してしまうと、たいへん恥ずかしい思いをすることになります。

ほかにも「批判する」「非難する」は、意味を取り違えて使うことのないようにするのもさることながら、個人や会社の「炎上」が何かと話題になる現在では、「批判（建設的な議論）」と「非難（誹謗中傷）」の違いを理解しておかなければ、**場合によっては窮地に立たされかねません。** 2つの違いを考えるきっかけになればと思い、取り上げています。

このように、違いの方向性がさまざまに異なる言葉のセットを紹介していきますが、いずれも日常生活でよく目にする表現です。ぜひ区別して自分のものにしてください。

Yoshida's memo
似ているものの繊細な違いをマスターできると、言葉の上級者。たくさんの用例を見て感覚を体得しよう。

延々《えんえん》
永遠《えいえん》

【延々】

意味 時間的・空間的に続いて、いつ（どこ）までも途切れない。

例文 **有名なラーメンを食べに行ったら、店の前に延々と行列ができていた。**

【永遠】

意味 果てしない時の間、変わらず続く。

例文 **永遠に名前が残るような仕事をしたいものだ。**

解説 勘違いしやすい言葉のセットです。CHAPTER1でも取り上げた通り、「延々」を「永遠」と勘違いする人が非常に多く、SNSを見ていると、「永遠と校長先生の話を聞かされた」というような投稿がものすごくたくさん出てきます。

おそらく書き言葉で「延々と」という言葉に出会ったことがなく（あるいは、出会っても意味がわからずスルーしてしまい）、会話で「えんえんと」と耳にしたものを「永遠と」と勘違いしてしまった結果であろうと推測されます。誤用が広がっているようですが、言葉を知っている人からすると強い違和感のある表現です。

否定的なニュアンスを伝えたいときは「延々」。よい意味のニュアンスのある「永遠」と混同しないように注意しましょう。

おざなり　おざなり
なおざり　なおざり

【おざなり】

意味 その場しのぎのいい加減な態度、言動。

例文 **おざなりな企画書はいらないから、じっくり考えて提出し直してくれる?**

【なおざり】

意味 物事を真剣に考えず、放っておいている。

例文 **ユーザーからの問い合わせをなおざりにするなんて、もってのほかだ。**

解説 「宿題」を例に考えると2つの違いがわかりやすくなります。「宿題をおざなりにする」ならば、その場しのぎではあるけれど、一応取り組むということです。おざなりは漢字で書くと「お座成り」となりますが、この「お座」というのは「お座敷」から来ています。お座敷、つまり宴席ではみんな取り繕ってお愛想を言ったりしますから、そこから「いい加減な品質ではあるが、一定の対応はする」という意味になるわけです。

一方、「宿題をなおざりにする」と言うと、「『別にやらなくていいよ、どうせ先生は宿題のチェックなんてしないし』などと考えて宿題をやらない」ことになります。その場しのぎで人の答えを写してでも宿題をするのが「おざなり」なら、不誠実な態度で、ろくに宿題をしようともしないのが「なおざり」です。

脅威　きょうい
驚異　きょうい

【脅威】

意味 勢力・権力によって他者をおびやかす存在。また、それを恐ろしく思うこと。

例文 **営業部の新人はすごく仕事ができる。先輩たちの脅威になっているらしい。**

【驚異】

意味 普通では考えられない驚くべきこと。あまりに不思議で素晴らしいこと。また、それに対する驚き。

例文 **営業部の新人はすごく仕事ができる。部内で「驚異の新人」と呼ばれているらしい。**

解説 この2つは、単純に同音異義語であるだけでなく、意味までも混同している人が多い言葉の組み合わせです。「脅威」は自分たちに実害があると恐れるニュアンスを、「驚異」のほうは感心して驚くニュアンスを持ちます。「AIの進歩は、比較的単純な処理・作業を行う頭脳労働者にとっての脅威だ」と言った場合、「仕事を失うという実害があるため恐ろしい」ということを含意しています。その一方で、「AIの驚異的な進歩には目をみはるものがある」と言う場合は、「純粋に『すごい』と思っている」ということになります。伝えたいメッセージの方向性がまったく異なってくるので、気を付けましょう。

琴線に触れる　きんせんにふれる
逆鱗に触れる　げきりんにふれる

【琴線に触れる】

意味　よい作品や言動に触れて大きな感動や共感をもたらすこと。

例文　**先日の講演会は高橋さんの琴線に触れたようで、あれ以来、ことあるごとに講師の言葉を引用している。**

【逆鱗に触れる】

意味　天子の怒りを買うこと。転じて、目上の人の怒りを買うこと。

例文　**度重なる遅刻で、彼は取引先の逆鱗に触れてしまった。**

解説　同じ「触れる」で形が似ていますが、意味はまったく異なります。「琴線に触れる」は琴の弦が音色を奏でるように、素晴らしいものに触れて人の心が震えるということで、人の心を琴の弦にたとえた美しい表現です。

一方の「逆鱗に触れる」は、竜はあごの下に生えた逆さ鱗に触れられると尋常でなく怒って触れた人を殺すという、中国の伝説に由来する言葉です。竜は中国では王者・天子のたとえなので、そこから目上の人を怒らせたときに使われるようになりました。ですから、「彼女の振る舞いは私の逆鱗に触れた」という言い方は誤りです。「琴線」と「逆鱗」を混同してしまった間違いが非常に多く見られるため、注意が必要です。

薫陶を受ける《くんとうをうける》
私淑する《ししゅくする》

【薫陶を受ける】

意味 優れた人物に直接教えを受け、感化されて成長すること。

例文 **われわれが大いに薫陶を受けた山田先生が、本日の同窓会にお越しくださっています。**

【私淑する】

意味 直接に教えは受けていないが、ひそかにある人を尊敬し、師や模範として学ぶこと。

例文 **ジョン・スミス先生による英語の文法書を読んで以来、スミス先生に私淑している。**

解説 「薫陶を受ける」は、単に教わるだけでなく、「よい影響を受けて人格が磨かれた」というニュアンスも持ちます。「香を焚いてよい香りを染み込ませ、粘土をこねて陶器を作る」ことに由来する、美しい言葉です。注意したいのは、直接面と向かって教わった場合にのみ使えるという点。これが「私淑する」との違いです。「直接教わる」という意味の言葉には「師事する」もあります。コンサートに行くと、パンフレットの演者紹介に「クラリネットを×田○子氏に師事」などと書かれています。

「私淑する」の「私」には、「ひそかに」という意味があります。実際会ったことはないけれど、その人の書いた本を読んでいたり、今ならＹｏｕＴｕｂｅの動画を見ていたりして、心の師匠と仰いでいる場合に使います。この言葉の解説では、よく「太宰治は芥川龍之介に私淑していた」という例文が挙げられています。

【権力《けんりょく》 権威《けんい》】

【権力】

意味 支配し、強制的に従わせる力。

例文 **あの会社でいちばん権力があるのは社長ではなく、実は経理部長なんだよ。**

【権威】

意味 ①他人を従わせる強い力や勢い。②学問などのある分野で優れていると認められている人。

例文 **児童心理学の権威でいらっしゃる佐藤先生に、ぜひとも教えを請いたく存じます。**

解説 同じ使い方をすることもあるのですが、「権力」は武力や地位、経済力で相手を強引に従わせるニュアンスで、前向きな意味で使われることは基本的にありません。一方の「権威」はカタカナ語で言えば「オーソリティー」。ある業界で実績があって尊敬されている人を、「その道の権威」などと呼びます。みんなを従えるという点では権力と似ていますが、こちらの場合は「みんなが慕ってついて行く」というニュアンスです。その一方で、「権威的なものの言い方」「権威を笠に着る」のように、威張っているというニュアンスを含む表現もあります。「虎の威を借る狐」という言葉にも「威」の字が入るように、権威にも悪いニュアンスがないわけではありません。主に否定的な意味で使うのが権力、よい意味・悪い意味両方に用いるのが権威。

厚意《こうい》
好意《こうい》

【厚意】

意味 優しく温かい親切心。

例文 **お招きいただき、ご厚意に感謝します。**

【好意】

意味 ある人・ものに対して好ましく思う気持ち。

例文 **新商品に対するネット上の反応は、概ね好意的なものだった。**

解説 厚意は「親切心」、好意は「個人的に好きな思い」という意味の違いがあります。
「仕事でご一緒した田中さんのごコウイで試写会に招待していただいた」と言うとき、「厚意」なら「仕事のご縁で、親切心から呼んでくれた」ですが、「好意」と言うと、「田中さんが自分のことを気に入っているために、えこひいきでチケットを用意して入れてくれた」というニュアンスになり、自意識過剰な印象になりかねません。お礼を言う場合は相手の親切心を称えるために「厚意」を使うと安心です。
音が同じであるだけに、意味の違いを知っている人でも変換ミスをしがちです。「以外」と「意外」、「精算」と「清算」など、間違えやすい同音異義語はたくさんありますから、自分がよく使うものには注意が必要です。

ご存じである　ごぞんじである
存じ上げる・存じる　ぞんじあげる・ぞんじる

【ご存じである】

意味 目上の相手が知っていることを敬って言うこと。知っていらっしゃる。

例文 **A社の鈴木さんのことはご存じでしたよね。**

【存じ上げる・存じる】

意味 ①「考える」「思う」の謙譲語。②「知っている」「承知する」の謙譲語。①②ともに自分や自分の身内が主体となる。

例文 **御社の新製品のことは私も存じ上げております。**

解説 「知っている」の尊敬語と謙譲語のセットです。敬語を苦手とする人は多いようで、「皆さん、どうぞ召し上がってください」と尊敬語で言うべきところ、「皆さん、どうぞいただいてください」と謙譲語で言ってしまうような誤用が非常によくあります。これらの中でも特に間違いやすいのが、こちらの「ご存じである（尊敬語）」と「存じ上げる・存じる（謙譲語）」。前者は「相手が知っている」ことを言うとき、後者は「自分が知っている」ことを言うときに使います。

「存じ上げる」は知っている対象が目上の人であるときに「貴社の評判は存じ上げております」のような形で使うもので、「存じる」は単純に「知っている・思う」を改まった言い方に格上げしたいときの表現（丁重語）です。

朝令暮改　ちょうれいぼかい
君子豹変　くんしひょうへん

【朝令暮改】

意味　法律や命令がしょっちゅう変更されてしまう不安定な状態。

例文　**朝令暮改は部下を混乱させるだけなので、改めるべきだ。**

【君子豹変】

意味　①徳のある人は、過ちをさとればただちに改めるということ。②今までの意見や態度が急に変わってしまうことを批判するたとえ。

例文　**休みなく働いて会社を大きくして来られた社長が、時代の波に乗って働き方改革を取り入れるなんて、君子豹変ですね。**

解説　同じ「変更」でも、「朝令暮改」は周囲をうんざりさせるような否定的な意味ですが、「君子豹変」はよい意味を持ちます。「聖人君子」と言うように、中国で「君子」と付く言葉はほとんどの場合、見本となる言動に関わります。また、豹は季節によって毛が生え変わることから、「豹変」はピンチのときなどに行動をはっきりと変えられることを意味します。したがって、「君子豹変」とは本来、状況に応じて素早く切り替えられるという、賢い人の決断の速さを褒める表現なのです。ただ、②のように勘違いした使用例も散見されるようになってきています。

陳謝　ちんしゃ
深謝　しんしゃ

【陳謝】

意味 事情を述べ、謝罪する。

例文 **大規模なリコールが発生した件で、経営陣は会見を開いて陳謝した。**

【深謝】

意味 ①深く感謝する。②心から詫びる。

例文 **新人の頃から指導していただいた山本さんに、この場を借りて深謝いたします。**

解説 見た目も意味も似ている言葉のセットです。違いは、「陳謝」が謝罪にのみ使う言葉であるのに対し、「深謝」は謝罪と感謝いずれにも使えるという点です。「陳」の字には「陳述」や「陳情」のように「述べる」という意味があることから、陳謝という熟語になって「事情を述べて謝る」の意になります。深謝は「深い感謝」「深い謝罪」の両方を意味します。

この2つを混同した結果、お礼を言うべき場面で「陳謝します」と言ってしまうと、感謝ではなく謝罪していることになってしまいます。誤解を招かないように、意味の違いをしっかりと押さえておきましょう。

なお、ほかに「多謝」は感謝のみ、「謝状」は謝罪の詫び状にも感謝状にもどちらにも使えます。

批判する　ひはんする
非難する　ひなんする

【批判する】

意味　物事のよし悪しを客観的に考え、その価値を評価・判定して論じること。特に、否定的な評価に使うことも多い。

例文　**学問では、何事も批判的な精神で検討する必要がある。**

【非難する】

意味　人の過失・欠点、犯した悪事などを取り上げて道徳的に責めとがめること。

例文　**課の売上目標が未達であったため、課長は全社会議で名指しで非難された。**

解説　批判の「批」は「ただす、品定めする、是非を判定して示す」の意、非難の「非」は「そしる」という意味です。

ここからわかるように、「批判する」は、否定的な評価の文脈で使われることが多いながらも、あくまでよいことも悪いことも客観的に「論じる」ことであるのに対し、「非難する」は、相手のことを一方的に悪く言う、感情的な「誹謗中傷」「人格攻撃」のニュアンスがあります。批判の類語に「批評」がありますが、これも批判と同様に「物事のよし悪しについて考えを述べること」の意です。

ネット上で誰もが自由に意見を表明できる時代ですから、今自分がしているのは「批判」なのか「非難」なのか、自覚して行動できるようにありたいものですね。

「カタカナ語」と聞くと、「ユーザーインプレッションがファーストプライオリティだから」といった発言を聞いて眉をひそめたり、「意識高い系」と揶揄したりするようなシーンを思い浮かべる人がいるかもしれません。槍玉に挙げられがちなカタカナ語ですが、私はカタカナ語のすべてが悪いとは思いません。

カタカナ語と言っても、単に流行りだから、何となく格好よく見えるからカタカナになっているという軽いものばかりではありません。**英語などの言葉の中には、日本語にはなかなかうまく訳せない微妙で繊細なニュアンスを持つがゆえに、あえてそのまま日本語に取り入れられているものがあります。**そういったカタカナ語の意味を学ぶと、思考力を大いに高められるのです。

この項目では**「思考力を広げる」**という観点から、知っておきたいカタカナ語を紹介します。取り上げているカタカナ語の中には日本語に訳されて出てくる語もありますが、実際にはカタカナ語のまま使われるケースが増えています。聞いたときに意味を理解できるよう、普通の日本語だけでなく、カタカナ語もぜひ押さえておいてください。

なお、ここで取り上げるものは比較的広く使われている言葉ですが、ビジネスにおいては、それぞれの**業界特有のカタカナ語**というものもあります。それらの業界用語については、皆さんそれぞれでさらに習得していってください。

Yoshida's memo

カタカナ語を振りかざすのはNGだが、その語ならではのニュアンスを思考や説明に生かしたい。

アウフヘーベン　Aufheben（ドイツ語）

意味 ヘーゲルの弁証法の用語。対立・矛盾するもの同士を、それぞれ本質を失わずに、より高次元のものに統合すること。対立・矛盾を発展的に解消すること。

解説 ドイツの哲学者ヘーゲルによる言葉で、ある意見と反対派の論点をぶつけ合ったうえで、両方の観点や利点を取り入れ、よりよい意見にまとめることを指します。卑近な例で言えば、高校時代に複数の部活動を掛け持ちしていた私と、勉強をさせたい親の意見が対立した際、互いの言い分を取り入れ「普段は部活に全力で取り組み、テストの数週間前からは勉強に力を入れる」としたようなイメージです。

アナロジー　analogy（英語）

意味 異なる物事の間の共通点・類似構造に着目して、類推したり、新たな着想を得たりする方法。従来の認識を拡張する思考法の1つ。

解説 類似を見抜く力です。たとえ話もアナロジーの一種。説明がうまい人は「受験勉強を結婚にたとえると…」など、絶妙なたとえ話で人を納得させることができますが、それは2つの事象（この例なら「受験勉強」と「結婚」）の類似点を見出すことに長けているからこそです。ビジネス書で見る「アナロジー思考」とは、本質的に似ているものを見抜いて参考にするという考え方で、身に付けたいスキルの1つでしょう。

アンビヴァレント　ambivalent（英語）

意味
ある対象に対し、相反する感情を抱くこと。そうした相反する感情や態度が並存している状態。

解説
矛盾した感情を自分の中に持っている状態のこと。元々は心理学の用語なので、「毒親なのに、嫌いになれない」といった文脈でよく出てきます。近年、物事を白か黒かで単純化して、脊髄反射的に好きか嫌いかを決める人が増えていますが、本来私たちは1つのことに対し、「この部分は応援できるけれど、この部分は共感できない」というふうに、複雑な感情を持っているはずです。安易な単純化に陥らないよう、心に留めておきたい用語です。

イニシエーション　initiation（英語）

意味
ある集団や社会に加わり、正式なメンバーとして承認されるために経る手続きや儀式。一例に、元服・成人式がある。

解説
「通過儀礼」の意味で、元々は文化人類学の用語です。日本の成人式のような式典や、キリスト教徒になるための洗礼など、大人の一員、集団の一員として認められるためのステップを指します。これが「組織の一員として認められるための儀式」という意味でビジネスに転用されました。新入社員研修でスパルタ教育が行われたり、飲み会に強制参加させられたりするような、マイナスの文脈で語られることもあります。

グリーンウォッシュ greenwash（英語）

意味 企業などが、実態が伴わないのに、デザインなどでいかにも環境に配慮しているかのように装うこと（「うわべのごまかし」を意味する英単語 whitewash から生まれた語）。

解説 実際は違うのに、何となく環境によさそうな印象を与えて、自分たちのイメージや売り上げのアップを図ろうとすること。「再生紙を使っているわけではないのに、再生紙ふうの茶色い紙を使用したティッシュ」のようなものです。この用語は環境問題に対して使うものですが、環境に限らず、「一見よいことをしているふうだけれど、まったく実態が伴わない」ことは、意外と世の中のあちこちで見られるのではないでしょうか？

コンプライアンス compliance（英語）

意味 要求・命令などに従うこと。法令遵守。特に企業が法やルールを守ること。

解説 「コンプラ」と略されることも多い用語。元々は「法令遵守」の意味でしたが、近年、日本やアメリカなどでは、社会の道徳的なルールを守ることも含めて使われることが多くなっています。「容姿いじり」などを含め、セクハラ、パワハラなどのハラスメントを禁止するだけでなく、「弱い立場の取引先に対して強引な値引きを迫らない」など、ビジネス上の実務も範疇に含みます。「コンプラのせいで自由な表現ができない」などと、業界によっては悪のように言われることもありますが、大切にしなければならない概念です。

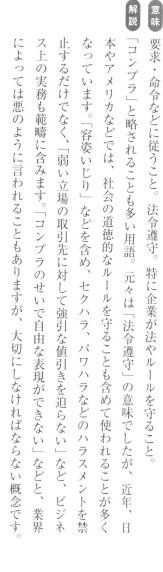

サステナビリティ sustainability（英語）

意味 環境・社会・経済などが適切に維持・保全され、長期的に発展できること。持続可能性。

解説 環境問題だけではなく、組織や経営についても使われます。たとえば仕事の属人性が高く、ある人が抜けたら業務が回らなくなるような状況や、いわゆる「自爆営業」のような、ずっと続けていくのが難しい営業方法を取っている状況を指して、「組織としてのサステナビリティに問題があるね」などと言ったりします。分野を問わず「持続性」について考えるときに使える言葉です。

サンクコスト sunk cost（英語）

意味 すでに支出され、どうしたとしても今さら回収できない費用のこと。埋没費用。

解説 もうすでに投資してしまい、戻ってくることのない費用や時間のことを言います。すでに投資してしまった費用や時間にこだわりすぎて撤退できずにいるよりも、今後のことを考えて決断しなければならない、早めに損切りしなければならないというときに出てくる用語です。関連する用語に「コンコルド効果」があり、サンクコストを惜しんで損失が拡大することを言います。超音速旅客機コンコルドの商業的失敗から生まれた言い方です。

ジレンマ　dilemma（英語）

意味　相反する2つの事柄の板ばさみになって、どちらか一方を選ばねばならないが、決断もできずに、苦しんでいる状態。

解説　何かと何かの板挟み状態を言います。ビジネスではジレンマを抱えている部分をどう解決していくかが肝になってくるものです。ジレンマを使った用語には、誰かと一緒にいたいけれど、近づきすぎると互いを傷付け合ってしまうジレンマを指す「ヤマアラシのジレンマ」や、経済学のゲーム理論で使われる「囚人のジレンマ」、経営学用語の「イノベーションのジレンマ」など、さまざまなものがあります。

ステレオタイプ　stereotype（英語）

意味　型にはまりきっている状態。類型的なありきたりの状態。

解説　「ステレオタイプな物の見方」などと使います。「男の子は黒いランドセル」とか「日本人は時間に正確」といったような、類型的な、型にはまった物の見方のことです。似た意味の言葉には「紋切り型」や「ワンパターン」があります。紋切り型とは「型にはまった、新味のない決まりきったやり方」、ワンパターンは「同じことの繰り返しで代わりばえのしないこと」の意。ステレオタイプも含め、いずれも否定的なニュアンスを持つ言葉です。

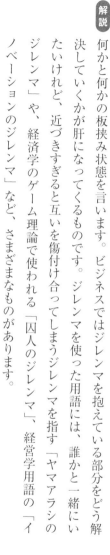

デジタルデバイド　digital divide（英語）

意味
コンピューターやインターネットを使いこなせる人と使いこなせない人との間に生じる経済格差や不平等。個人間だけでなく、国家間や地域間に生じる格差を指すこともある。情報格差・デジタル格差などとも言う。

解説
デジタルツールの使用状況から生まれる格差。使用の有無だけでなく、どの程度使いこなせているかも格差に影響します。たとえば、個人事業主などが行う確定申告は、今やインターネット上で簡単に手続きが完了しますが、それを知らない、あるいはできないという人が、混雑した税務署で何時間も並んで手続きを行っているような状況です。

トレードオフ　trade-off（英語）

意味
一方を追求すると他方が犠牲になってしまうという両立し得ない関係。多くは経済用語として使われる。

解説
「あちらを立てればこちらが立たず」のイメージで、両立できないもののことを言います。日本語で言えば「二律背反《にりつはいはん》的な関係」。「品質を追求したら値段が高くなる」とか「A社と取り引きするならB社とは取り引きできない」など、両立し得ない2択からどちらか1つを選ばなくてはならない難しい状態のことです。打ち消しの形で「キャリアの追求とプライベートはトレードオフではない」のような使い方もできます。

ノブレスオブリージュ　noblesse oblige（フランス語）

意味 身分や地位の高い者はそれに伴って果たさねばならぬ社会的責任があるという、欧米社会における基本的な道徳観。

解説 社会的地位がある人にはそれに伴う義務があり、社会貢献をしなければならないという考え方のこと。災害時などに、欧米のセレブが何億円というお金をポンと寄付したりするのは、この考え方に基づくものです。欧米の上流階級の考え方として定着しています。似た意味の用語に、ＣＳＲ（Corporate Social Responsibility：企業の社会的責任）があります。企業がさまざまな社会貢献活動を行うというものです。

バイアス　bias（英語）

意味 先入観による偏った物の見方。偏見。歪み。

解説 「偏り」という意味で幅広く使われている言葉で、「先入観」や「思い込み」という意味も持ちます。無意識のバイアスは「アンコンシャスバイアス」と呼ばれ、よく使われるようになりました。近年では、アンコンシャスバイアスを自覚するための研修を取り入れる企業が出てきています。参加者がグループになって話し合い、「新人は電話を取るものだ」とか「新人は上司より先に帰ってはいけない」といった思い込みを問い直して、ゼロベースで業務や組織のあり方の改善を考える活動が行われています。

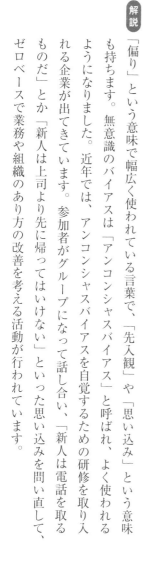

パラダイムシフト　paradigm shift（英語）

意味 科学の前提となる考え方（パラダイム）が、ある時点で、根底から転換する事態。現在は科学以外でも、考え方の枠組みが根本的に変化することを言う。

解説 「パラダイム」とは「枠組み」の意。既存の枠を取り払い、枠組み自体を変えてしまうような新しい商品やアイデアが生まれることを指す言葉です。携帯電話（ガラケー）からスマホへの移行が、まさにこれ。徐々に機能を追加する方向で進化していた従来の携帯電話に対し、Ａｐｐｌｅはユーザーが各自でほしいソフトをダウンロードすればよいと、有能な箱だけを提供するという考え方へ抜本的に切り替え、ｉＰｈｏｎｅを生み出しました。

フェアトレード　fair trade（英語）

意味 公正な貿易。発展途上国の生産者に対し、公正な賃金や労働条件を十分保証できる価格で商品を継続的に購入するという国際協力の一種の形態。

解説 発展途上国の生産者を尊重し、適正価格で商品を購入する貿易を指す言葉。人件費の安い途上国で安く商品を生産している企業には、極端に安い賃金や劣悪な環境で労働者を働かせているケースが見られ、問題となっています。途上国の人々を搾取するような取り引きではなく、適正な賃金を払い、労働環境を整えて、生産者・国のサステナビリティを担保することを目指して行われるものです。

ポストトゥルース　post-truth（英語）

意味 世論形成で、客観的事実よりも感情的・個人的な意見のほうがより強い影響力を持つこと。感情上受け入れがたい真実よりも個人の信念に合う虚偽が選択されてしまう状況。

解説 あることが本当に事実であるかということよりも、「影響力のある人が発言している」とか「ＳＮＳで拡散されている」といったことに重きが置かれ、デマが事実であるかのように人々に影響を与える事態。２０１６年のアメリカ大統領選挙や、イギリスのブレグジット（ＥＵ離脱）を巡る国民投票などで注目されました。海外だけの話ではなく、日本でも実際に統計的事実を無視した陰謀論が出回るなどの問題が生じています。

ポピュリズム　populism（英語）

意味 民衆の欲望に迎合し、政治家が支持や権力を得ようとする態度。

解説 大衆迎合型の政治、人気取りの政治を指してよく使われる言葉です。長期的な財政健全性や本質的な課題と向き合わずに、選挙で人気を集めるために、減税をしたり補助金を配ったりするような政策を取る姿勢を批判するのに使われます。実現性はさておき、「減税をします」などと聞こえのいいことを言って大衆の人気を得るといった様子を指すわけで、本来的にはネガティブな意味の言葉ですが、日本では「民衆の声を聞く」といったポジティブな意味で使われているケースもあります。

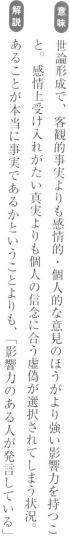

ポリティカルコレクトネス

political correctness（英語）

意味 人種・宗教・性別などの違いによる偏見・差別を排し、中立的な表現を用いようとすること。1980年代頃から、米国において、政治的に妥当である表現を使おうという考えのもとで台頭した。単に言葉の問題にとどまらず、社会から偏見・差別をなくすことを意味する場合もある。ポリティカリーコレクト。PC。政治的妥当性。

解説 直訳は「政治的正しさ」「政治的妥当性」。「ポリコレ」と略されます。日本でよく問題になるのは性別に関わるもの。「保母」を「保育士」と呼ぶようになったり、国政で組閣の際に女性閣僚の人数が話題になったりします。最近ではポリコレが行きすぎていると批判的に語られる場合もあります。

マッチポンプ

match（英語）＋pomp（オランダ語）を合わせたもの（日本語）

意味 自分で問題や揉めごとを起こしておいて収拾を持ち掛け、報酬を受け取ろうとすること。また、その人。マッチで火を付けてポンプで消火するという二役を1人でこなす意。

解説 和製英語。よくある例は、高齢者世帯を狙った屋根の修理詐欺。点検を装って自ら屋根を壊しておいて、「今なら特別価格で修理します」と高額の修理費用を請求する自作自演です。こうした詐欺は明らかに犯罪ですが、そこまではいかなくても、人々の不安を必要以上にあおって自社商品を買わせるマッチポンプ構造のビジネスは存在します。

レジリエンス　resilience（英語）

意味　①弾性。復元力。②病気や困難な状況などから心身が立ち直る回復力。

解説　「折れない心」などと訳され、ビジネス書にもよく登場していた心理学用語。「鋼鉄のメンタル」的なものではなく、「心のしなやかさ」を指すものです。困難につまずいて一時的に落ち込むことがあったとしても、しなやかに回復して持続的に頑張っていくことができるような強さのことを言います。近年は従業員のメンタルヘルス対策の一環として、レジリエンス研修を取り入れる企業も出てきています。

レトリック　rhetoric（英語）

意味　言語を巧みに用いて効果的に表現すること。また、そのための技術。転じて、口先だけで実質を伴わない表現のこと。

解説　日本語で言う「修辞法」で、簡単に言えば「言葉のテクニック」を意味します。修辞法とは倒置や対句、反語など、文を飾る言語表現の法則のこと。内容というよりは、表面を飾る表現であるため、表面的な文言にだまされたという意味で、「レトリックにだまされた」などとマイナスの文脈で使うことがあります。一方で「表現力」という意味で使うこともでき、効果的な表現法を身に付けるという意味で「レトリックを学ぶ」という言い方をすることもあります。

池上は、こう読んだ

これくらいは知っていてほしいし、できれば使えるようになってほしい。そんな言葉の数々です。私が好きな言葉は「矜持」です。人間として、また仕事のプロとして、矜持を持ち続けたいのです。こういう言葉を使うことで、自分の生き方が正されていく気がします。言葉は人間を育てます。美しい言葉を使って、心の美しい人になりたいものです。

「僥倖」という言葉は将棋の藤井聡太八冠が使って話題になりました。語彙力があってこそ、音声表現された言葉の意味も理解できます。そういえば、かつて「踏襲」を「ふしゅう」と読むなど読み間違いの多かった首相がいました。これは、首相の語彙力の問題というより、側近が（怖くて）間違いを指摘できなかったという力関係の問題だと私は受け止めました。

これだけの言葉を使いこなせれば、教養ある現代人だと胸が張れます。なぜこの言葉を選んだのか、どんな説明をしているのか。吉田先生の文章を読んでいると、ゲームの用語は出てくるし、推し活をしていたであろう気配も感じます。意外にミーハーなのですね。だから若者たちから好かれるのでしょう。

CHAPTER 4

「ここで終わり」のゴールはないから
言葉を使い続けていく

語彙の学びにゴールはありません。
語彙は使い続け、磨き続けることで豊かになっていきます。
語彙力を身に付け、世界を広げていきましょう。

— LEXICOLOGY —

どうやったら使えるようになる？　アウトプットにつながる語彙力とは

大人になると、学生時代のように単語テストはありませんから、「この単語をマスターした！」と言えるかどうか、自己評価するのは難しい部分があります。まず、漢字の熟語であれば、読み方がわかるかどうかは1つの基準になります。

ただ、単に知っている認知語彙ではなく、真に自分のものになっている、つまり、使用語彙になっているかどうかの目印になるのは、**「自分で用例が思い浮かぶかどうか」**でしょう。その言葉を自分の日常の仕事や生活の中で使うことがあったとしたら、誰に対してどのような形で使うか。例文を具体的に思い浮かべることができれば、それが認知語彙から使用語彙に移行できているということを意味します。

ですから、知らない言葉に出会ったときは、辞書を引いて「ふーん」と思って終わりにはしないことです。

たとえば「痛み入る」という言葉を辞書で調べたら、「たいへん恐縮する様子」と書いてあったとします。そのとき、自分だったら誰に対してどのように使うかを思い浮かべてみるのです。

「毎日話をする先輩や課長に使うには、ちょっと大げさすぎるよな。かといって、役員とは接点なんてないし。部長だったらどうだろう。部長に恐縮するとき…そうだな、部長自身の仕事ではないのに、僕のプロジェクトのために一肌脱いでくれたときにお礼のメールを送る場面なんて、いいかもしれない。『ありがとうございます』だけだと、言葉が軽いような気がするし。恐縮して申し訳なさそうな感じで部長にお礼を言うのがよさそうだ。『渡辺部長には今回のプロジェクトで誠にお骨折りいただき、たいへん痛み入ります。ご厚情が身にしみました』。うん、使えそう！」

こんなふうに用例を思い浮かべることができれば、その言葉は身に付いた状態にあると言えるでしょう。この辺りは英

自分で用例を作ってみる

痛み入る：たいへん恐縮する様子。

［状況］自分のプロジェクトのために一肌脱いでくれた部長にメールでお礼を言う

渡辺部長には今回のプロジェクトでお骨折りいただき、痛み入ります。ご厚情が身にしみました。

自分なら誰に対してどのように使うか用例が思い浮かべば、その言葉は身に付いた状態だと言える

語学習において、英会話や英作文で使えてこそ完全に覚えたと言えるのと同じですね。

自分で文を書いたり会話で使ったりできて初めて理解したと言えるわけで、単に「見て何となく意味がわかる」のではなく、実際にアウトプットできるかどうかという運用能力が大切です。

CHAPTER2でも触れましたが、私がいつも伝えているのは、「まずは3回使ってみましょう」ということです。特に語彙力に自信がない人に対しては、落ち着いて文面を練ることができるメールなどで3回使うことをおすすめしています。社内の人にちょっとしたお礼でお菓子を渡すようなときに添えるメモなど、書き言葉から始めるのが、成功の近道です。

というのも、いきなり話し言葉の中で新しい表現を使うのは少し心理的抵抗があるからです。慣れない言葉は会話の中で急に思い付きませんし、周囲からの「そういうキャラだったっけ?」という反応を恐れて二の足を踏んでしまうこともあります。

ちょっと一筆書くようなときなら、普段より少し改まった言葉を使うのもおしゃれな印象がありますから、まずは書き言葉で3回使ってみてください。自分なりに使ってみることで、言葉が自分のものになっていきます。

読書をするときにも、**アウトプットにつながる読み方**があります。

思うままに読書を楽しむこともちろん緩やかな語彙力アップにつながりますが、少し意識をすることで、言葉の習得のスイッチが入ります。

Yoshida's memo

アウトプットできる使用語彙を増やすには①用例イメージ②書き言葉で3回使う③前のめりの読書。

第1のステップとして、**気になる言葉があったときは立ち止まって印を付けてみます。**印はどのように付けても構いません。線を引いても、付箋を貼ってもいいでしょう。印を付けようと思った段階で、読書での語彙吸収に前のめりになっている状態です。

第2のステップとしては、**チェックした言葉を調べてみます。**紙の辞書を引くのはもちろん、スマホでアプリの辞書やウェブ検索を使ってもいいでしょう。

そこでまた習得度合が上がりますから、第3のステップとして、**「自分だったらその表現をどういう状況でどう使うか」、例文を考えてみてください。**

このようなステップを踏むことで、単に本を読んで終わりではなく、**読書をアウトプットにまでつなげる**ことができます。それによって言葉の習得が早くなるのです。

ちなみに、私は近代文学の読書会を主催していて、その課題図書を読むときには、内容面で感動した部分にはページの「上」に、言葉として珍しい表現、気になる表現を見つけた際にはページの「横」や「下」に、付箋を貼っています。読んでいる間は付箋を貼るだけに留めておき、読み終わったあとに横・下に付箋がついている個所を開いて、辞書を引くようにしています。

本を読むときは内容にじっくり集中したいという人は、1回目は読むことだけに集中して普通に読み、2回目は用例探しをしながら読んでみるというふうに、段階を分けて取り組むのもよいでしょう。

「TPO」ではなく「TPPO」場にふさわしい言葉の選び方

場面に応じた言葉の使い分けについて言えば、私はよく「TPPO」が大切という話をしています。

T……Time（時）
P……Place（場所）
P……Person／People（人）
O……Occasion（状況）

このTPPOは、その場にふさわしい服装などの指針を示す「TPO」の枠組みをもとにして、Person／People（人）を加えたものです。

TのTimeなら、仕事なのかプライベートなのか。大勢が出席する会議なのか、1対1の打ち合わせなのか。

PのPlaceというのは物理的な空間としての場所もそうですし、どういうメディアで発信するのかという観点での場所も意味します。

PのPerson／Peopleとしては、たとえば仕事で同じことを発信するにしても、会

言葉の使い分けはTPPOが大事

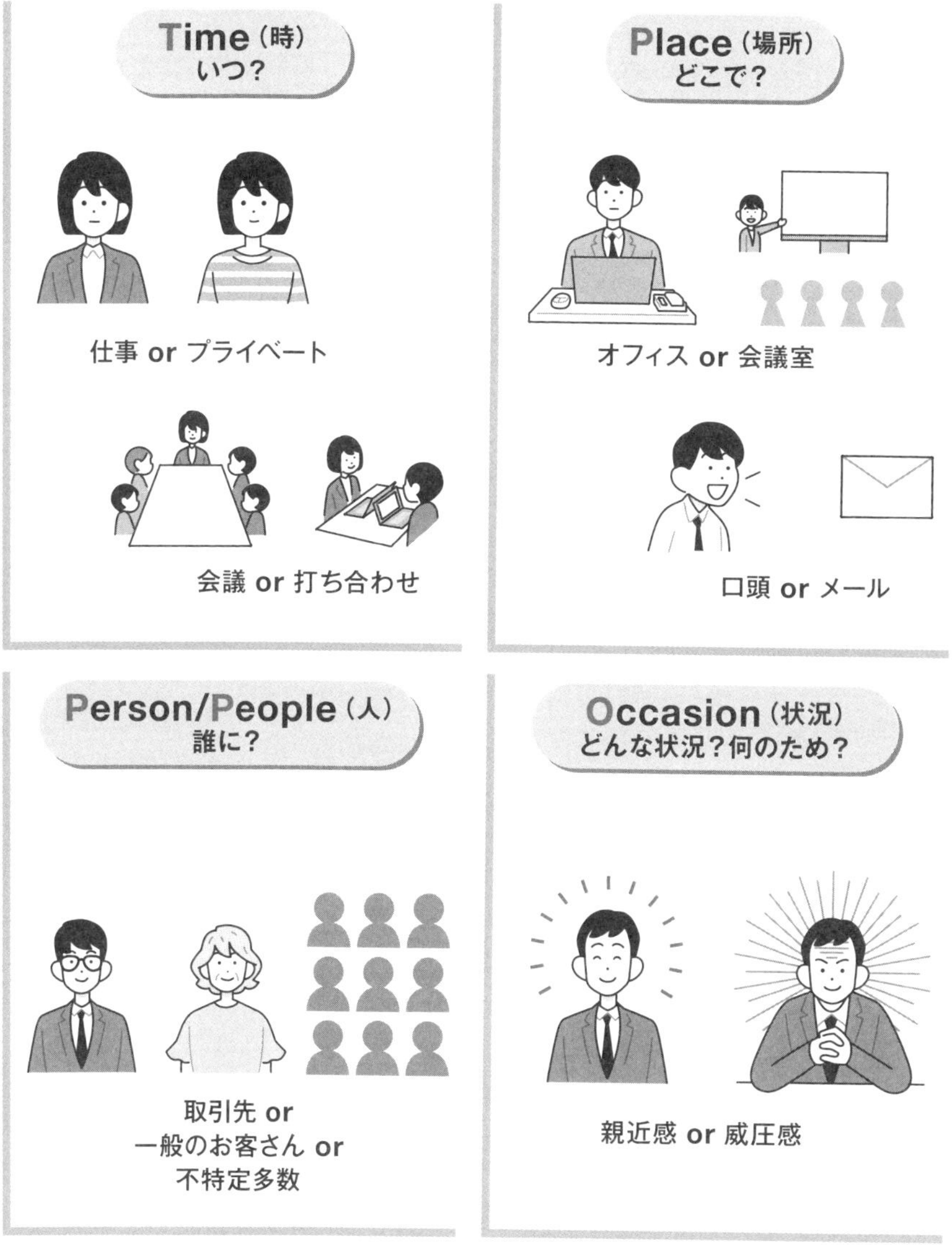

TPPOに合わせて使う言葉を変える

社名義で社会に向けて出すリリースと、担当者として取引先に送るメールでは、使うべき言葉は異なります。

リリースならば「株式会社○○は2024年6月1日に国内最大級のショールームとなる○○プレイス飯田橋（東京都千代田区）を開設しました。（中略）○○は今後も、お客様満足度100パーセントを目指し、商品を提供してまいります」といった感じになるでしょう。

取引先へのメールであれば「いつもお世話になっております。本日は、弊社のショールーム開設の件でご連絡を差し上げました。（中略）お近くにお越しの際は、ぜひお立ち寄りくださいませ」などとするでしょう。それも、書類なのか、メールなのか、LINEのようなSNSなのか、口頭での会話なのかによって表現は異なります。

OのOccasionとは「状況」を意味します。

ここで特に意識したいのは、**「自分は今、何のために話そう（書こう）としているのか」**と、発信の目的や意図を考えることです。親近感を出したいのか、威圧したいのか。要は**「仲よくなりたいのか、ビビらせたいのか」**ということです。

「ビビらせる」と言ってしまうと語弊があるかもしれませんが、相手に対して少し強く出るために、言葉の力を借りるべき場面というのがあります。会社対会社の重要な交渉の場面では、あなどられないよう、毅然とした言葉で要求を伝えるべきです。あるいは、自分がまだ若く、お客さんから「知識も経験もなさそうな若者が来た」と見くびられていそうな場面も、教養を感じさせる語彙で印象を変えたいですね。

時には、**わざと語彙のレベルを少し上げることで相手を威圧する**のも、仕事を円滑に進めるうえでの知恵の1つです。


私にもあえて「威圧」を意識した経験があります。私が塾講師の仕事に加え、本を書いたり大人向けの古典の講座を持ったりするようになったのは20代後半の頃でした。そうした活動を始めたばかりのフレッシュな時代の出来事です。

公民館の生涯学習講座として、『論語』の解説の授業を担当しました。私が教室に入ると、ある受講生が「何だ、この小娘は。もっとちゃんとした大学の教授が来ると思っていたのに」という怪訝な顔をしていたのです。

その方は、きっと大企業でそれなりの地位にいらした方なのだろうな…という雰囲気の、定年後間もないと思われる人でした。そこで私は、「このテーマについてはちゃんと詳しく知っているよ」ということを示すため、ところどころに専門用語を交えながら解説することにしたのです。

こういうタイプの方には、ちょっと難しい用語を使って説明したほうが喜んでもらえます。実際、その方も徐々に表情が変わり、メモを取りながら聞くようになりました。


もちろん、市民講座の場合、大多数の人はわかりやすさや面白さを求めて受講しているので、語彙のさじ加減は重要ですが、あえて高度な語彙を織り交ぜながら話すことで信用につながり、評価が上がるということもあるのです。

逆に、**親しみやすさを出したいのであれば、語彙はやさしいものを使います。**たとえば営業の仕事をしているような場合、硬い言葉で書かれた商品パンフレットをやさしい言葉に言い換えて説明することによって、商品や営業担当としての自分自身に親しみを感じてもらうことができます。

親近感を持ってもらいたいのか、威圧したいのかという狙いを意識して言葉を使い分けていくことです。

広告業界やＩＴ業界の方がカタカナ語の専門用語を連発することがありますが、これも一種の威圧になっている場合があります。「この人は最先端の専門知識を持っているんだろうな〜」と感心しながら聞いている顧客もいるでしょう。

ですが、それも程度の問題で、前提知識があまりに異なるお客さんに対して、専門用語ばかりを連発するのはさすがに問題があります。たとえば、「インターネットで集客をしたいが、何の知識もない」というお客さんにサービスを提案するときに、「ＡＩによってパーソナライズされたユーザーエクスペリエンスを…」などと一方的に言ってしまうと、威圧が過剰で、お客さんは「あの会社、わけわからんこと言ってるな」と遠ざけたくなってしまいます。

ただし、専門用語すなわち悪ではありません。**その用語の意味を共有している人同士の会話であれば、用語を使ったほうが当然話が早い**のですから、それでよいわけです。専門用語をどのくらい使うのか、柔らかい言葉と硬い言葉のどちらを中心にするのかといった言葉の選び方は、ＴＰＰＯに合わせて変えていく必要があります。

Yoshida's memo

T(ime)・P(lace)・P(erson/eople)・O(ccasion)を意識して語彙のチョイスも変えよう。

Occasionとは「何のために？」

今、何のために話そう（書こう）としているのか

新しく作ってみた
部品なんです

自分や商品に親しみを持ってもらう

もうすぐ呼ばれ
ますからね

安心させる

A社・B社
合併協議
今日は
条件を詰め
ましょう

重要な交渉で有利な条件を引き出す

こんな小娘を
よこすとは…

自分を見くびっている人に信用してもらう

柔らかい言葉（親近感）

難しい言葉（威圧感）

目的によって言葉を使い分けていく

わかってくれない相手に届く「伝わる言葉」はどう見つける？

「何度注意してもわかってくれない後輩がいる」
「お客さんを激怒させてしまい、謝罪しても怒りが解けない」
「依頼や指示がうまく通らない。想定外の成果物が上がってくる」

こちらが一生懸命伝えているつもりでも、相手に言葉が届いていない、理解してもらえないという状況は意外とよくあります。もちろん、言葉だけが問題ではない例もありますが、こういった場合に、どのような言葉が相手に響くのでしょうか？

相手に伝わる言葉の見つけ方については、次の3つのポイントがあります。

まず1つ目は、**相手について自分が持っている情報やこれまでの関係性から、どのような言い方なら効果的に伝わるのかを考えること**です。

謝罪1つとっても、「本当にごめんなさい」と感情を込めた日常的な表現で言うのがいいのか、「この度は誠にご迷惑をお掛けいたしました。陳謝いたします」と、企業が出す謝罪文のテンプレートのような、硬い言葉を使ったほうがいいのか。

遅刻癖のある後輩に注意するにしても、後輩が遅刻してきた朝、その場で「遅刻はダメだよ！」とカジュアルに叱るのか、「大事な話があるから、会議室に来てくれる？」と呼び出して、「あなたの遅刻の多さは看過できない」と切り出すのか。

今の状況や相手の性格・気持ちなどを踏まえたうえで、使う言葉の硬さやアプローチを選ばなければなりません。

そして2つ目に、**伝わるまで言葉を探し続ける姿勢**です。

テレビ、インターネット、街頭などで一斉に広告が出されるようなビッグプロジェクトのキャッチコピーは、広告代理店のコピーライターが練りに練っています。それはたったひと言で人々の心に刺さるものですが、日常会話はそんな広告とは違います。

日常のやり取りは継続的なコミュニケーションですから、一方的にひと言だけで終わるわけではありません。1回で伝わらなければ、伝わる言葉を探し続けるものです。ある言い方が相手の心に響かないのであれば、今度は別の言い方でもう一度と、あきらめずに適切な表現を模索する姿勢が大切です。

夫婦関係をイメージするとわかりやすいかと思います。凝りに凝ったプロポーズをしたとしても、そこで終わるわけではありません。結婚後も日々コミュニケーションを取り、時にはケンカをしながら、価値観や習慣のすり合わせを行い、生活を続けていくのが夫婦です。相手に伝わる言葉を使おうと思うなら、相手にジャストフィットする言い方を探し続けること。育ってきた環境も培ってきた語彙も違うわけですから、**自分の話が相手に一発で通じると思っては**

いけません。

3つ目に、さまざまな言葉のバリエーションを持っておくことです。伝わるまで言葉を探し続けるためには、自分の中にストックがないといけません。謝罪の場面で考えてみてください。ひと言目で謝罪を受け入れてもらえず、謝り続けるときにひたすら「申し訳ありません」と同じ言葉を繰り返すのは能がないですし、場合によっては、誠意のない連呼のようにも受け取られてしまいます。

ですから、「申し訳ありませんでした」で届かなかったら「深くお詫びいたします」、それがダメなら「お詫びの言葉もございません」といったように、ほかの言い方を用意しておく必要があります。この点でも、語彙は豊富であるに越したことはありません。別の言い方をある程度知っておかなければならないのです。

3つのポイントをまとめると、そもそも口を開く前に一度、状況を洞察し、想像を巡らせて、適切な表現を模索すること。さらに、正解を探しあてるまで伝え続ける姿勢を持つこと。そして、1つの内容を伝えるためにもいろいろな表現を用意しておくこと。人に言葉を届けようと思ったら、このしつこさが大事です。

無理に一発で正解を見つけようとしなくていいのです。一発で正解をあてるのは有名なコピーライターさんたちに任せておいて、私たちは正解にたどり着くための継続的努力をしていきましょう。

Yoshida's memo
状況の洞察、継続的なアプローチ、それを支えるストック語彙の豊富さが「伝わる言葉」のために欠かせないこと。

伝わらない相手に伝えるには?

① これまでの関係性・相手の情報から伝わる言い方を考える

② 伝わるまで言葉を探し続ける

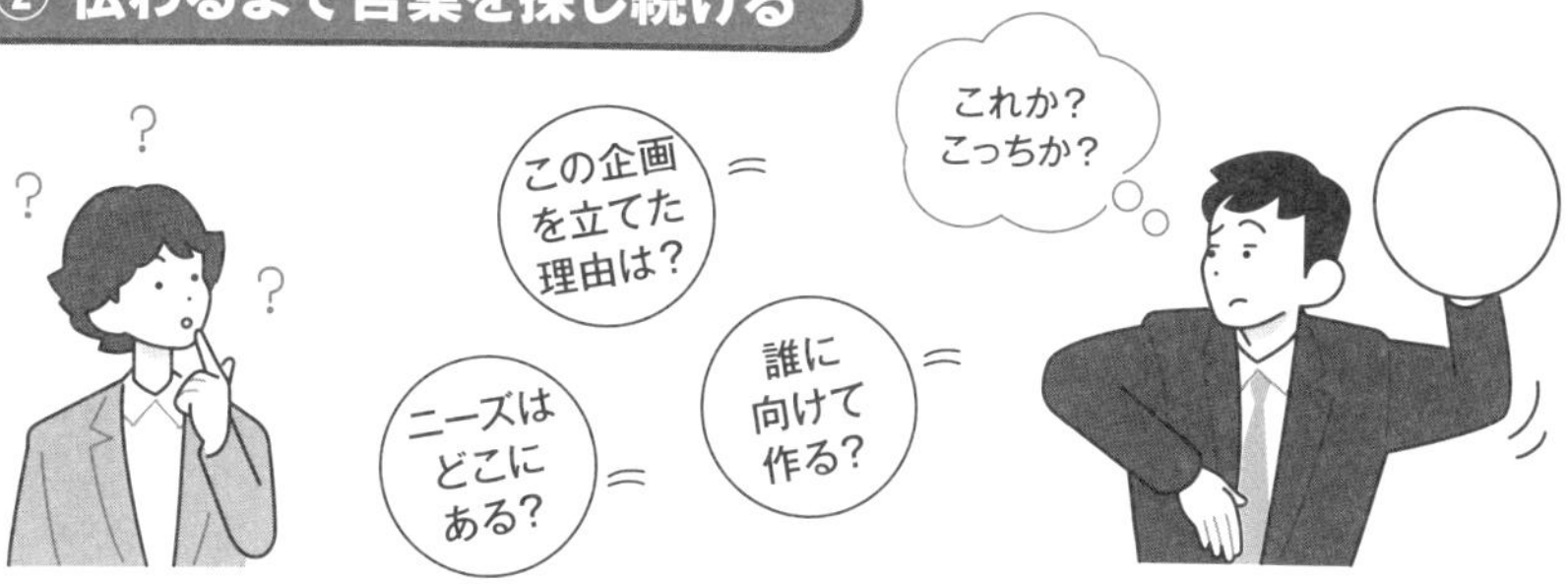

③ 言葉のバリエーションを持つ

一発で正解を見つけようとしなくてよい。
正解にたどり着くための努力を続けることが大事

何が違う？ 読み流される定型文、心に響く定型文

「伝わる言葉」を伝える側から考察しましたが、受け取る側から考えてみると、現代の私たちは、日常の中でたくさんの言葉を目にしていますが、それらの言葉を**読んでいるようで読んでいない**ということがあります。

街に出れば街頭には看板や広告がたくさんありますが、その字をすべて読んでいる人はいませんし、スマホでニュースを見ているときにも、画面をスクロールしていって、いくつか気になったものをタップするだけ。残りの文字は目に入ってはいても、読み込んでいないことが多いですよね。

このように、目にはしているけれど、実はちゃんと読んでいないという情報がたくさんあるのです。

これには2つの理由があります。

1つには、今述べた広告やネットニュースの例のように、**情報が氾濫しているから**。

そしてもう1つは、**定型文や形式的な表現がものすごく多くなっているから**です。

一時期から増えてきたのが「いかがでしたかブログ」です。著名人の名前をネットで検索す

ると出てくる「○○さんについて調べてみました」という記事のことで、○○さんの本名、出身地、恋人、結婚、子どもの有無などに関する真偽不明な情報が羅列され、最後に「いかがでしたか?」という決まり文句で締めるものです。

生成AIの進歩によって、今後は、AIでこういった文章が量産できる時代になっていきます。「社会人になるにあたって大切な5つのポイントとは」といったテーマでAIに記事を書かせ、人間が少し手直しして公開するといったネット記事が、これからさらに増えていくのです。

こういった文章は、時に「ハルシネーション」と呼ばれる誤生成の情報を含んでいます。また、一定の文字量があって、役に立つ情報も少しは含まれているものの、深く心に残ることは特に書かれていません。

AIが文章を生み出す時代がくると、このような**形式的で当たり障りのない言葉で書かれている文章が増えて、時に間違ってもいるが、人々はそれを適当に読み流す、という流れが今まで以上に加速していく**ことが予想されます。

そういう時代に、自分の文章を読み流さないでもらいたいと考えるなら、**自分らしさのある言葉**を使うことが求められます。

ここで言う「自分らしさのある言葉」とは、感情が乗っていたり、手触りがあったりする言葉のことです。

感情を乗せると言っても、やたらと尖った独自性を追求したり、専門的な高等技術を駆使したりする必要はありません。打ち合わせ日程をリマインドするメールを例にとるならば、普通は「お打ち合わせが明日に迫ってまいりましたので、確認のためお送りします。明日は14時に弊社にてよろしくお願いいいたします」と用件だけを述べて済ませるところ、メールの最後に「前回お会いした際はまだ寒いと感じるくらいでしたけれども、もうすっかり夏ですね。お会いできるのを心待ちにしております」などと添えてみるのです。

こういう文面を見ると、心がふっと温かくなったりしますよね。これまでその人と関わってきた中で実際に共有してきた感覚が言葉にされていると、血の通った文章だと感じます。思いやりの気持ちや自分の個性がにじみ出るような、ちょっとした言葉で構わないのです。

あいさつや謝罪の言葉には定型文がありますが、その**定型文を書いて済ませるのではなく、その前後にさらりと添えるための、言葉に自分の気持ちを乗せる表現も一緒に磨いていくとよい**でしょう。

なお、**定型文であっても、状況にぴったり合っていれば、相手の心にストレートに届く場合もあります**。

私の友人に、お母様と複雑な関係で過ごしてきた人がいて、私は前々から、その苦労をいろいろと聞いていました。友人は最終的に自らお母様の看病・介護をしていたのですが、あるとき、その友人から、お母様が亡くなったという知らせがありました。

過去の経緯を知っていただけに、訃報を受けて何と返してよいか悩みました。結局、私は、「心からお悔やみ申し上げます」と定型文を送りました。

葛藤の経緯を知っている私にわざわざ知らせたこと、その知らせをこちらが受け止めた旨をすぐに返信して伝えること、その事実にどちらも万感の思いが込もっていたので、文章自体をひねらなくても、お互いに通じたのでした。こういう場合には、定型のあいさつ文にこそ万感の思いが込もることを学んだのです。

ですから、一律に定型文がダメというわけではありません。定型文を使っていても、そこに「○○さんと吉田裕子」のように、**一対一の固有名詞同士がコミュニケーションを取っているリアリティがあるかどうかで、よい定型文か悪い定型文かが決まります。**常套句がダメなのではなく、常套句だからこそえも言われぬ思いを乗せられる場合もあるのです。

こうした常套句の味わいは表情や声色など、言葉以外の要素でも気持ちを伝えられる対面の場合に、顕著に表れます。

ビジネスで言えば、メールの冒頭に入れる定型文「いつもお世話になっております」を書くとき、皆さんは感情が動いていますか？　大半の方は無感情なのではないでしょうか。

人によっては、メールのウインドウを開くと自動で「いつもお世話になっております」の文言が入るように設定していたり、「いつ」と入力すれば自動的にこのフレーズが現れるように辞書登録していたりしますよね。そのとき、この文言には何の気持ちも乗っていないでしょう。

ですが、たとえば取引先と協働して進めている仕事で、何らかの外部要因によるトラブルが起き、解決に向けてずっと一緒に動いていたような場合ならどうでしょう。いろいろ苦労もあったうえで乗り越え、その後、直接お会いした際には、同じ「いつもお世話になっております」という常套句でも、言葉の重みがまったく違ってくるのではないでしょうか。特に電話や対面の場合では、言葉に本人の感情や体温が乗って、深く響くことがありますね。

よく、「もう十分に頑張っているのだから、受験生に『頑張れ』と言ってはいけない」という話があります。これはある意味では正しく、ある意味では正しくありません。「頑張れ」と言われてどう感じるかはケースバイケースです。「頑張れ」と言ったほうがいい関係性の場合もありますし、逆に「これ以上頑張ると心身が壊れてしまいそうだから、『頑張れ』なんて言ってほしくない」という場合もあります。

それと同じで、**ある1つの表現を取り上げて、「これは決まり文句で陳腐だからダメ」「この表現は個性的で素敵」と機械的に決めることはできません。**

大事なのは、状況や相手との関係性を踏まえてリアリティや体温の伴う自分らしい言葉を使うこと。メールでは、定型文や常套句を使ってしまいがちですが、それが機械的に思えるときには、自分の少しくだけた本心や色をさりげなく出せるような表現を添える方法も模索していきましょう。

Yoshida's memo
情報の氾濫する時代だからこそ、自分らしい具体性のある言葉を使おう。

読んでもらえる言葉とは?

読み流される定型文	読み流されない定型文
・AIの書いた当たり障りのない文 例 AIに書かせた記事「社会人に大切な5つのこと」 ・機械的に入れる定型文 例 メールの冒頭の「いつもお世話になっております」	・事務的な文章に自分らしさを添えた文 例 打ち合わせのリマインドメールに添えられた「お会いできるのを心待ちにしております」 ・本人の思いが乗った定型文 例 万感の思いを込めた「お悔やみ申し上げます」 いろいろあったあとの「いつもお世話になっております」

「お悔やみ申し上げます」
はありきたりだよ

お悔やみ申し上げます

定型文だから読み流されるわけではない。
自分らしさのある言葉、思いの込もった言葉であるかが大事

プライベートとビジネスでの会話「丁寧さ」の境界線はどこにあるのか

仕事での人との付き合い方には、ルート営業のように特定のお客さんとの間で長期にわたって継続的に関係を作っていくような形もありますし、アパレルの販売員のようにお客さんとフランクに接して親しみある会話をすることが必要な形もあります。外部の人と打ち解けた雰囲気で仕事をしていく場合、どこまで丁寧に接するかという点で、言葉づかいに悩むことがあります。

言葉がくだけすぎてもいけませんが、丁寧すぎれば他人行儀でよそよそしくなります。「慇懃無礼」という言葉もあり、あまりに丁重な言葉づかいは、かえって相手を見下しているような印象を与えかねません。継続的にコミュニケーションを取る中で、場の空気を読みながら徐々にくだけた言葉を使っていくという人が多いのではないでしょうか。

打ち解けたいけれども、あくまで礼儀正しさは失いたくないのであれば、大きなイベントが終わったときなどの節目で、ぜひ改まった言葉でお礼を伝えてみてください。時候のあいさつから始まるような、手書きの手紙を送ってもいいですね。**節目の場面で改まった言葉を用いることで重みが生まれ、相手への敬意の表現につながります。**

対面でもメールでもやり取りする間柄ならば、対面ではある程度打ち解けて話をするけれど

Yoshida's memo　敬語とフランクな言葉は、機械的に使い分けず、その場その場で意図を考えて使い分ける。

も、メールではビジネスの形式を守ることを意識するというのもよいでしょう。

逆に、「親しき中にも礼儀あり」と言うように、プライベートの付き合いであっても、たとえば非常に手間のかかることを手伝ってもらった場合や、折り入って頼みごとをしたいというような場合には、ビジネスで使うような少し硬い言葉を使って表現の格を上げることも必要です。

野球で「敬遠」という言葉が使われますが、これは文字通り「敬して遠ざける」こと。よく敬語は距離が遠いというふうに言われますが、逆に言えば、少しよそよそしく距離を取る敬語や硬い言い回しによって、相手への敬意を示すこともできるわけです。

ビジネスは硬い言葉で、プライベートはくだけた言葉で…と、一律で線引きするのではなく、**言葉づかいにはグラデーションがある**と考えましょう。

言葉づかいにはグラデーションがある

この度はお力添えをいただき
誠にありがとうございました。
すごい
新商品
わあ！
嬉しい！
硬
軟

ビジネスとプライベートで硬軟と使い分けるのではなく、
場面と距離感に応じて適切な言葉づかいを選ぶ

誰に向けるのかで言葉を調整するマーケティング型自己表現

どのような語彙・表現を使うかで、与える印象が変わってきます。たとえば、同じ人物のプロフィールでも、ビジネスの場面と婚活のようなプライベートな場面とでは、書くべき内容や使う語彙が異なります。さらに、同じビジネスの場面であっても、どういう場面や目的で出すプロフィールかによって、使うべき文言は変わります。

私が高校生の保護者や教育関係者に向けて講演会をする場合には「東大現役合格の直後から塾の教壇に立ち、指導歴20年。多数の教え子を東大・京大・医学部などの難関大学に導く。現在は主に東進の映像授業で、全国の高校生に古文・漢文を指導」というPR文を書きます。同じ吉田のビジネスプロフィールでも、新入社員向けの言葉づかいの研修に登壇する場合には、「国語講師。『思いが伝わる語彙学』（KADOKAWA）など、言葉に関する著書多数。東進などの予備校講師として長年高校生から支持を集める授業で、敬語・ビジネス文章のコツを楽しくわかりやすく伝えます！」と変わるのです。

私がもし独身で、今から婚活をするのであれば、「東京に住んでいる39歳女性です。今は予備校で古典を教えるほか、フリーランスで仕事をしているので、時間の融通はききやすいです。趣味と実益を兼ねて、旅行で歴史的な場所を訪れるのが休日の楽しみです」と書くことになるでしょう。

　このように、何かを発信するときには、目的や相手によって調整を行います。内容が変わると同時に、文体も少し変わります。どういう語彙や口調のほうが届きやすいのかを考え、**誰に向けた言葉であるかによって、言葉を調整する**ことが大切です。これを「マーケティング型の自己表現」と呼ぶことにしましょう。

　マーケティング型の自己表現というのは、まさに冒頭に挙げた仕事や婚活のプロフィールのようなもので、**自分が誰に対して言葉を発しようとしているのか意識したうえで、その人にちょうどいいレベル感の、引き（読み手の関心）のある言葉を選ぶ**ことです。

　自己表現と言っても、プロフィールをアピールする場面ばかりでなく、仕事で企画書を書くこともそうですし、お客さんと商談をすることも該当します。このときに**語彙のトーンを間違えると、信頼感や引きがなくなってしまいます。**

　ターゲットに引きがある表現を調べて、その表現を自分の言葉に盛り込んでいくことも必要となるでしょう。この工夫では、状況や目的によって発信する言葉を変えなければならないため、語彙力の有無が大きく影響します。

　私が面白いなと思っているのが、ＹｏｕＴｕｂｅの「重要なお知らせ」という動画の多さです。ユーチューバーが何かを発表しようとするときに必ずといっていいほど使われるのが、この言い方ですね。この世界ではこの表現がいちばん引きがあるということが、経験的にわかっているのです。

Yoshida's memo

ニュースやトレンド、業界の特性、目的を踏まえて、同じ内容でも使う表現は変わってくる。

自分の本当の気持ちを掘り下げるクリエイティブ型自己表現

マーケティング型の自己表現が外への発信に際して言葉を調整するものであるならば、自分の中で考えを深めていくときに使うのが「クリエイティブ型の自己表現」です。

クリエイティブ型の自己表現とは、人にわかりやすく伝えるというよりも、自分が真に考えていることを模索していくこと。**自分が何を考えていて、今どう思っているのかという自己分析を兼ねて、自分の気持ちを精緻に言語化していく**ような試みです。

自己表現という言葉を使っていますが、必ずしも人に伝える必要はなく、日記のようなものでも構いません。

たとえば勤め先で上司から理不尽に怒られたことを日記に書いたとき、怒りに任せて「あいつマジでムカついた。消えろ」としか書けない人と、自分の気持ちを丁寧に掘り下げて「今日はあの人に怒られてたいへん腹が立った。あの人の指示に従って動いたのに、うまくいかなかったことを私のせいにされたうえ、挙句の果てには私の人格攻撃をし始めたので、その責任転嫁ぶりに許せない気持ちになった」と書くような人では、自身の気持ちへの理解度は大きく違います。

後者のように表現できれば、嫌なこと、つらいことがあっても自分の中で理解し、ある程度まで消化することができますし、翌日その上司に何か物申すにしても、瞬間湯沸かし器のように怒るのではなく、問題点を冷静に指摘することができるはずです。

タレントのアンミカさんの言葉で、バズワードになった「白って200色あんねん」ではありませんが、きっと「怒り」にも「喜び」にも、何十、何百もの語彙があるはずです。

今自分が怒っているのはどういう怒りなのか、喜んでいるのはどういう喜びなのか。それらの語彙の中から自分にいちばんぴったり合う気持ちを探し出していくのが、クリエイティブ型の自己表現です。これは思考力向上に直結します。

クリエイティブ型の自己表現でどれだけ自分の思考を深められているかによって、マーケティング型の自己表現で発信していくときの言葉の精度も変わってきます。

ちなみに、感情を表す言葉に特化した辞書には、CHAPTER2でも紹介した『感情ことば選び辞典』（Gakken）があります。「嬉しい」などキーワードを引くと、「有頂天」「快哉」「小躍りする」などと、関連する表現と例文を一覧できるようになっています。

最終的には自身で気持ちを見つめて言語化したいところですが、まずは、深く鋭く言語化してくれている他者の作品に触れるのも勉強です。複雑な感情と向き合って言葉にしているのが、文学の分野でしょう。小説・エッセイ・詩・短歌・俳句の本に触れることも、感情表現を豊かにします。マンガの台詞に注目する、好きな音楽の歌詞を読み込むという学習法もあります。

今の日本社会では、自分の気持ちにぴったりくる言葉を探すことなく、心にもないことを安易に定型文で言い表してしまうことが少なくありません。それによって、言葉がどんどん軽くなっていく現象が起こっています。

その最たる例が、政治家の言葉。政治家が「断腸の思いで増税を決断しました」などと言うとき、その「断腸の思い」が聞いている側にまったく伝わらないということはよくありますよね。それどころか「どうせ、そんなこと思ってないくせに」と思われてしまっています。気持ちが伴わないままに定型文を使うと、聞き手をしらけさせてしまうのです。

常套句・定型文の話は186ページでもしましたが、大人のコミュニケーションのマナーとして、決まり文句を覚えておくのはもちろん大切なことです。特に謝罪するようなときには、定型文を使うことが多くなります（誰かを怒らせてしまったときに、クリエイティビティを発揮してオリジナリティあふれる謝罪文を長時間検討している場合ではありませんよね）。

ただし、その定型文は前にも述べた通り、実感が込もった形で使う必要があります。実感が込もっていないと、「とりあえず謝っとけばいいんでしょ」という、ぞんざいな感じが出てしまいます。

単に体裁を取り繕うために常套句を多用するのではなく、言葉が軽くならないよう、自分は本当のところどう思っているかを模索し続けなければならないのです。

Yoshida's memo
世間に合わせた表現ばかりでは、上すべりした嘘っぽいものに。
真実を掘り下げる言葉の模索も大切にしたい。

マーケティング型・クリエイティブ型自己表現

マーケティング型は相手にとって引きのある言葉を選ぶ。
クリエイティブ型は自分にぴったり合う言葉を選ぶ

誤用が広まっている言葉との付き合い方は？若手社会人が知っておくべきこと

国語講師としてたくさんの生徒を見ていると、**多くの人に勘違いされている言葉があり、そのことによって生じる問題があると感じます。**

ＣＨＡＰＴＥＲ３でもそうした言葉の例を取り上げましたが、たとえば、高校生に現代文を教えているときに出くわす単語が「破天荒」です。

これは元々、中国の故事成語で、前例のない偉業を成し遂げたというよい意味の言葉なのですが、高校生の中には「めちゃくちゃな言動」というネガティブな意味で捉えている生徒が多いのです。

おそらく、極端で変な言動をする芸人さんが、「破天荒だな」と評されるのを見て、誤解しているのではないかと思います。

もしかすると、読者の皆さんの中にも「よい意味だとは初めて知った！」という人がいるかもしれませんね。このように、勘違いや誤用が広まり、そちらのほうが多数派になっている言葉に対して、私たちはどういう態度を取るべきなのでしょうか。

私が読者の皆さん、特に若い人に伝えたいのは、やはり本来の使い方は知っておくべきだということです。

CHAPTER1で述べたように、言葉は時代によって変化しています。よく「食べられる」を「食べれる」と言ってしまうような「ら抜き言葉」が批判されますが、実は、専門の国語学者はそれほど批判的ではありません。というのも、言葉は変化するものと考えて科学的に実態を観察するのが、学者の仕事であり、道徳的な善悪で考えないからです。学術的には「現在では『食べられる』が尊敬、『食べれる』が可能の意味を表している。言葉の分業が生まれているのだ」という主張があります。

ですが、「『ら抜き言葉』はどうも引っ掛かる」という言語感覚を持ち続けている人もたくさんいるわけです。**幅広い層の人に受け入れられようと思うのであれば、自分の価値観がどちらなのかは別にして、その保守的な感覚はやはり知っておくべき**です。旧来の感覚を知っておかないと、「この人は言葉を知らない」と判断されてしまうからです。

ら抜き言葉のように言葉の形が変わるものだけでなく、冒頭の「破天荒」のように、意味が勘違いされている言葉も同じです。

16ページでも取り上げた文化庁の「国語に関する世論調査」で、「敷居が高い」という言葉の意味が取り上げられたことがありました。本来は「不義理をしたり、迷惑を掛けたりしていて、その人の家に行きにくい」といった意味なのですが、調査の結果、「高級すぎたり上品すぎたりして入りにくい」と捉えている人が6割近くもいることがわかったのです。

ここまでくると、新しい意味が生まれてきているという考え方もできると思います。国語辞典の中にも、新用法を積極的に載せるものがあります。

ですが、こういった言葉の場合もやはり、本来の意味は押さえておくべきです。**「本来はこういう意味だったけれど、こういうふうに変わってきている」というところまで勉強していけるとさらによいですね。**そのうえで、その言葉を自分が使うときは、本来の意味で使うようにしましょう。

ただし、ほかの人が新しいほうの使い方をしていても、それをとがめるべきではありません。

皆さんが、自身の所属する組織の中で年齢的にも立場的にも上のほうにいるならば、「本来はこうなんだから、みんな正しい使い方をすべきだ」と発信する力もあるでしょう。ですがそうではない場合、**言葉を知らないことを批判する目は、他人ではなく自分に向けるべき**です。

さらに言えば、誤解を生みやすい言葉であることがわかったならば、その言葉は何か別の表現に置き換えることにして、その言葉の使用自体を避けたほうが、誤解を生まず安心です。

私は「国語の先生」なので、正しい意味を伝える活動をあきらめずに続けますが、皆さんが社会で生きていくうえでは、周囲の人の言葉の誤用を指摘するのはやめておいたほうがよいというのはお伝えしておきたいと思います。

Yoshida's memo
言葉の変化に対する捉え方はそれぞれ。他人には寛容に、自分には保守的に。

間違いやすい言葉の使い方

✕ 本来の意味で使っていない

あのお店、
高そうなので
敷居が高くって…
この子は
言葉を知ら
ないな…

○ 本来の意味で使う

あの方には
前回ずいぶん
ご迷惑をお掛け
したので、
敷居が高いんです
いやいや、
大丈夫ですよ

◎ 誤解を生みやすい言葉は言い換える

あの方には
前回ずいぶん
ご迷惑をお掛け
したので、
顔を合わせづらいんです
いやいや、
大丈夫ですよ

「言葉の洪水」、SNSとの付き合い方を考える

ツイッターがXに改名されるうんと前、世の中に初めて出てきた頃のことです。あるＩＴ業界の方が、ツイッターに初めて触れた感想として「自分の脳が先に書かれているみたいだ」という趣旨のことを述べていました。

そのときはピンとこなかったのですが、最近少しわかるような気がするのです。

たとえば何かドラマを見て、ぼんやりと感想を持ったとします。そこで、Xをのぞいてみると、すでにいろいろな人がそのドラマの感想を具体的に書いています。それを読んでいると、そこには自分の感想が先取りして書かれていると思われるのです。

私が堺雅人さん主演の『ＶＩＶＡＮＴ』（ＴＢＳテレビ）にハマっていた時期など、観察眼の鋭い賢い人が、私の気付かないところにまで気付いて感想を書いていて感心しました。いわゆる「考察」です。そうなると、私のなすべきことはもう、「いいね」を押すだけ。

実はこうした行動、**自分の感想を持って言葉にすることをサボってしまっている**のではないでしょうか。

ＳＮＳの普及によって、このような「感想の節約」があちこちで起きているように思います。

すると、いざ何かを書こうとしたときに、何をどう書いたらいいのかがわからなくなってしまいます。表に出すかどうかはさておき、**「自分の言葉で書く」**ことは、日常の中に取り戻していきたい感覚です。

ＳＮＳの話で言えば、ＳＮＳの性質上、特に気を付けるべき傾向はぜひお伝えしなくてはなりません。

不特定多数が見るインターネット上の投稿には、**「言葉が強くなりやすい」**という傾向があります。

少し古い話ですが「保育園落ちた日本死ね！！！」というブログが話題になったことがありました。Ｘのやり取りやネットニュースのコメント欄は、罵詈雑言であふれています。過激なほうが反応が集まりやすいので、口調が攻撃的になったり、断定的になったりするのです。

ＳＮＳの浸透により、思ったことを瞬間的に不特定多数に発信できるようになりました。

誰かとやり取りしていてカッとなるようなことがあったとき、古い時代なら、手紙でその怒りを伝えようと思っても、書いているうちに冷静になることができていました。ですがＳＮＳの場合、その場で文字を打って投稿ボタンを押すだけですから、**カッとなった瞬間の言葉がそのまま表に出てしまいます。**

しかも、そこに表情や関係性によるフォローはありません。居酒屋で友人と飲んでいるときの発言なら、それまでの人間関係や、前後の文脈もありますが、ＳＮＳではそういう面からの擁護がないうえに、スクリーンショットを撮られて拡散されてしまえば、あとで修正することもできないのです。

実際に、リアリティ番組の出演者に多数の誹謗中傷が集まってしまった悲しい事件もありました。

テレビを見て家庭内であぁだこうだと感想を言う分には大きな問題にはなりませんが、それを不可逆な形でＳＮＳ上に吐き出してしまうと、受け取る側を深く傷付けることになりますし、訴訟のリスクを抱えることにもなりかねません。

特にＳＮＳは似たような興味関心の人同士がつながる傾向にありますから、「いいね」や反応ほしさに表現が過激で断定的になりやすい面があります。

では、そうならないためにはどうしたらよいのでしょうか。

小さなことではありますが、まずはそうならないように意識することが第一歩です。

怒りをコントロールする「６秒ルール」という方法があり、怒りを感じたときに６秒数えることでその怒りを鎮めると言いますが、それと同じように、**ＳＮＳも一呼吸置いて投稿するようにしましょう。**

反面教師にしたい例を溜めておくことも意外と役立ちます。

Yoshida's memo

SNSは楽しいけれど、過激化しやすいなどの問題が。即時投稿でなく立ち止まる習慣を。

私もよく、同業者のXの投稿で「これはどうかな」と思うものを記録しています。たとえば、生徒のことを「あいつ」と表現しているもの。これは、その人が日頃生徒を内心見下しているのが透けて見えるような気がするのです。あるいは、生徒の答案の変な解答例を写真に撮って載せているもの。個人情報保護や仕事上の倫理規定を無視した投稿だと思います。こうした投稿に嫌な感想を持ったことを日記に書く、あるいは、暴言のスクリーンショットを撮るなどして記録・保存しています。この反面教師のストックが、自分が何かまずい投稿をしそうになったときに、「あんな恥ずかしい投稿はやめよう」と思いとどまる材料になってくれているのです。

反面教師とは逆に、この本でもすでに話しているよいほうのロールモデルを設定して、「あの人だったらこんな投稿をするだろうか」と一度立ち止まって考えてみるのもいいですね。会話と違い、SNSは自分なりの準備ができた段階で投稿できる手段です。だからこそ、SNS上では、脊髄反射ではなく、落ち着いて、ロールモデルの人になり切って演じるつもりで投稿してみましょう。

ネット空間は、言ってみれば言葉の洪水です。**自分がどういう言葉の洪水の中で生きていきたいのか**は、少し立ち止まって考えてみるべきだと思います。頭の中にある語彙が罵詈雑言ばかりにならないよう、時にはSNSから離れて本や新聞を手に取ってみるのもよいでしょうし、「こんな言葉づかいなら影響を受けてもいいな」と思えるような人やグループにつながっていくことが大切です。

これからはAIに文を書いてもらえばいい？ ChatGPTを使うときに必要な語彙力

2022年に公開されたChatGPTは、世界で驚きを持って受け止められました。まるで人間が書いたような文章を即座に作ることができるため、皆さんの中にも、すでに仕事で使用しているという人がいるのではないかと思います。

「これからはAIに文章を書いてもらえるのだから、そんなに語彙力を鍛える必要はないんじゃない？」と思う人もいるかもしれませんが、話はそう単純ではありません。AIが人間の代わりにさまざまな作業を行ってくれる時代に、私たちが身に付けておかなければならない語彙力とはどのようなものなのでしょうか。

最初に言えるのは、**AIを使いこなすには、自分自身がAIよりも自然な言葉の使い手でなければならない**ということです。

ChatGPTにわかりやすい文章を書かせようとして「簡潔に説明してください」「小学生でもわかるように、わかりやすく説明してください」といったコマンドを入れて文章を作ってみると、一見読みやすい平易な文章が出てくるのですが、急に不自然に高度な語彙が登場することも少なくありません。

ですから、AIの力を借りるのはよくても、その文章を調整して人前に出せる文章にするなら、**自分自身がAIよりも語彙力を持って、適切に修正する必要がある**のです。

下は、AIに紫式部の説明を書かせたものです。このうち、「存在と考えられています」というのは間違っていませんが、日本語としてぎこちないですね。その次の文も同様です。また、国文学では「宮廷」より「宮中」と書く例が多いです。「女性として異例で」というのは、女性に対する偏見を感じる文言で、このままでは使えません。このように、完全に間違っているわけでなくても、違和感を持つ文言があるわけです。

また、試しにChatGPTに紫式部に対する評価や感想を箇条書きで挙げさせてみたところ、『源氏物語』を「和風ロマンスの傑作」と評した言葉が出てきたことがありました。こうした言葉の使

ChatGPTに紫式部の紹介文を書かせたら

紫式部について教えてください

紫式部は平安時代中期に活躍した女流文学者で、『源氏物語』の作者とされます。彼女の正確な生没年は不明ですが、西暦1000年前後の**存在と考えられています**。**紫式部は貴族社会ではなく、受領階級に属する女房でした**。**宮廷**での経験をもとにした作品を著し、その中で恋愛や哀愁を繊細な筆致で描いています。『源氏物語』は日本文学の傑作で、複雑な物語構造や登場人物が特徴です。紫式部の才能は**女性として異例で**、彼女の作品は後の時代に多大な影響を与えました。

書いてあることが完全に間違っているわけではないが、
違和感のある文言が見られる

い方は人間の感覚とは少し違います。それゆえに、斬新な角度の意見として、人間の創造性が刺激される部分もありますが、やはりそのまま使ってしまうと「なんだか変だな」という違和感は拭えません。

そして、ＡＩの作った文章には誤情報が混入していることも少なくありません（ハルシネーション）。**日本語の自然さだけでなく、事実とそうでないものを見極める目も必要になります。**

ですから、冒頭に挙げたような「これからはＡＩに文章を書いてもらえる」という意見は、現時点では正しくありません。ＡＩに作業を丸投げするのではなく、文章作成のプロセスの一部にＡＩを取り入れて効率化を図りつつ、最後には、内容面、また、言葉の面で自然な正しい使い方になっているかを人間の語彙力でチェックするというのが、実用的な使い方なのです。

私は国語講師として、ＡＩは正しく使えば人間の助けになるとは思うものの、このようなツールの登場は手放しで喜べるものではないと感じています。

おかしな表現に自分で気付いて修正できるようになってほしいと述べましたが、当然ながら、その水準にない人が疑うことなくＡＩを使っている場合も多いわけです。

そうすると、おかしな文章が出てきても「これは変だ」と気付くことができずに、そのまま世に出てしまう例があり得ます。いつしか、そうしたＡＩ製の文章のほうが多く世の中に流布する社会になるかもしれません。

読書体験や、自分自身で文章を書く経験をほとんどしないままにこういったＡＩの文章に触

れてしまうと、人間の言葉がAIに支配されてしまうかもしれません。何を自然だと思うか、という言葉づかいの美的感覚も上書きされていく可能性があるのです。実際、インターネット上の用例を学習したAIが、正しい日本語を誤った言い方に校正する例も出てきました。

また、Alexa（アレクサ）やSiri（シリ）を使ったことのある人なら知っているように、私たちがAIアシスタントを使う場合、AIにわかってもらいやすい日本語を使って指示を出しているはずです。それと同じように、私たちの日本語自体がChatGPT仕様になってしまいかねないのです。

特に、子どもたちがAIを活用して文章を作っていくことには慎重であるべきだと思います。笑い話のような怖い話なのですが、今、小さな子どもの中には、プレゼントをもらうと「うわー！　誕生日プレゼントをもらったので、開けていきたいと思います」と、ユーチューバーのように実況中継を始める子がいるそうです（もちろん、カメラが回っているわけではありません）。

鳥のひなが最初に見たものを親と思う「刷り込み」ではありませんが、語彙力の土台がないうちにYouTubeに触れ続けてしまったことで、そのおかしさに気付くことができなくなって、日常をユーチューバーの話し方で過ごしているのです。

AIを利用するにしても、何が自然な日本語であるかということは、並行してきちんと学習していかなければならないと思います。

Yoshida's memo

AIをアシスタントとして使いこなすにも、その上を行く語彙の運用力・感覚が欠かせない。

身だしなみを点検するように、言葉も点検しよう
自分の言葉を聞いて現在地を知る

朝になれば鏡を見て髪を整えたり、メイクをしたり、服を選んだり…というのは皆さん毎日やっているのに、自分の言葉を見て（聞いて）確認するという人はほとんどいません。**自分が日々どのようなレベルの語彙を使っているのか、たまに現在地を確認してみる**という学習法は、実践している人が少ない分、非常に効果的です。

ＣＨＡＰＴＥＲ２で音声配信「Ｖｏｉｃｙ」の話をしましたが、私は自分がＶｏｉｃｙで話している音声を毎回あとで確認するようにしています。自分の話している声を聞いたときに多くの人が持つ感想と同じで、とてもつらい作業なのですが、「あー、などの余計な言葉が多いな」「同音異義語がある表現を使ってしまったから、誤解を招きかねないな」など、自分の話し方や語彙に関し、気付くことがたくさんあるのです。アルバイト時代を含めて20年講師をやってきましたが、Ｖｏｉｃｙの配信と振り返りを始めたこの1年半で、授業が明らかに上手になったという実感があります。

自分の使用語彙の確認ということなら何もわざわざ配信をする必要はなく、身近なもので言えば、ウェブ会議の録画データだって構いません。

会社のルールなどもあるかもしれませんが、もし可能なら**ウェブ会議の様子を録画・録音して、自分がどのような語彙で話しているかを点検してみてください。**

「語彙のレベルが低くて、賢そうな話し方ではないな」とか「言葉がくだけすぎていて、いろいろな立場の方に聞いていただくための話し方になっていないな」などと、たくさんの気付きがあるはずです。稚拙な言葉づかいなどはメモしておきましょう。どう言い換えればよいのか考えてみると、語彙力のレベルアップにつながります。

話している様子を見る（聞く）のがいちばんですが、難しいようでしたら、自分のメールの文章を振り返ってみるのもよいでしょう。

自分の語彙を点検する

「あー」とか「えー」が邪魔！
10歳も上の鈴木さんに対して「聞いたら」はないな…
あー…
私の進捗はぁ…えー…
鈴木さんに作業の状況聞いたら、
まだやってないって言われちゃってぇ…
どうしたらいいですか？
語尾を伸ばすのが聞き苦しい
「どうしたらいいですか」って…言い方！！

鏡の前で身だしなみを確認するように、時には自分の語彙を点検してみよう

学習の動機付けには「このままではまずい」と危機感を持つ方向性と「こんなふうになりたい」と憧れる方向性の2つがありますから、自分の話し方を聞いて「まずいな」と思うだけでなく、「こんなふうになれたらいいな」と思えるような話し方をしている先輩や上司を探すのもよいですね。

その先輩や上司が使っている言葉で、いいなと思うものをメモしておきましょう。また、繰り返しになりますが、その人になったつもりのロールプレイをするのもおすすめです。その人ならどんな言葉を使うだろうかということを念頭に置いて話してみるのです。

このように自分や周囲の人の語彙に意識を向けるようになると、人の使っている素敵な表現、よくない表現が自然と目に入ってきて、反応できるようになります。それをどんどんストックしてみてください。ノートとペンをわざわざ用意しなくても、62ページでも説明したように、仕事で使うパソコンやスマホのメモ帳機能にコピー&ペーストしたり、メモを残したりしていくだけで構いません。

素敵な表現・よくない表現をメモ帳に溜めていき、**たまにそれをプリントアウトしてみて、「なぜこの表現がよいと思ったのか」「なぜこの表現はダメなのか」といった掘り下げた分析を行う**と、皆さんの語彙がさらにレベルアップしていきます。

言葉は「知って終わり」でも「使って終わり」でもなく、使い続け、磨き続けていくものなのです。

Yoshida's memo　言葉の自己点検をしてみると、周囲の言葉への観察力もアップしていく。

自分や周囲の人の語彙に意識を向ける

自分の語彙を点検する

動画・音声

メール

憧れの話し方の人を見つける

はい、
おっしゃる通りです
ステキ…

ロールプレイをする

はい、
おっしゃる
通りです

表現をストックする

○
- はい、おっしゃる通りです。
- ご尽力いただき、ありがとうございました。
- 新規顧客の開拓につなげるべく、

×
- ちょっと待ってもらえますか？
- うん、そうそう。

自分や周囲の人の語彙に意識を向けると、
よい表現・悪い表現に気付けるようになる

言葉の好循環のサイクルを回し続けよう

ダイエットのためにランニングをしようと思ったとします。ただ、あまりに太っていると、体が重くて走れません。まずは食事制限などで、ある程度体重を減らすところから始める必要があります。ある程度体重を減らすと、ランニングが始められるようになります。実際にランニングを始めて体重が減ってくると、だんだん気分がよくなってきて、もっとスリムになりたいと思い、食事制限にもランニングにもますます力が入ります。やせるためのサイクルが回り始めるのです。

言葉の勉強もこれと似ています。語彙力を発揮して話したいと思ったとき、語彙がまったく足りていない場合は、難しい言葉を使って知的に話そうとしても、そもそも何と言ったらいいか思い付きません。話す以前の問題で、頭の中の引き出しに入っている言葉の数が足りていないからです。そうなるとまずは基本教材などで言葉をインプットし、土台を固めなければいけません。そのとき、いきなり難解な表現ばかり学ぼうとしても、実生活とかけ離れていて習得しづらいので、「大丈夫だと思うけれど、穴があるかもしれない」「日常よりはちょっと背伸びした言葉」という基礎的な水準の言葉から学び始める必要があります。

そうして言葉の土台がある程度固まったら、アウトプットが始められるようになります。学んだ言葉を使ってちょっと硬い文章を書いてみると、自分の知識がまだ足りていないことに気付きます。すると、さらに学びたくなります。実践の中で使うイメージがわくようになっているので、インプットの勉強も楽しくなってきます。そうして言葉を吸収すると、それを使って実際によい発言や文章を生みたくなります。**言葉の好循環のサイクル**に入れるのです。

この好循環のサイクルを回して語彙力が身に付いていくと、それによって見るメディアや付き合う人たちも変わってきます。追い掛ける人、付き合う人が変わることによって自分の言葉が磨かれることもありますし、言葉が磨かれた結果、知らない環境にも物おじせず飛び込めるようになり、新しい出会いを得るということもあります。

そうなると、自分自身としても、自分の人間関係にしても、より理想の状態に近づくことができます。**よりよい自分になるために、語彙力が助けになることもある**と思うのです。

言葉の学びには終わりがありません。単純に新しい言葉を身に付けるという意味でもそうですが、年を重ねるにつれて、自分にぴったりくる言葉は変わってくるということもあります。20代、30代のときにピンとこなかった言葉が、40代になってピンとくるようになることもあるのです。

そんなときのために、この本をぜひ座右に置いて、時々読み返してみてください。楽しみながらどんどん勉強して、より理想に近い自分になっていってください。

CHAPTER 4　IKEGAMI'S EYE

池上は、こう読んだ

真意が伝わると困ったことが起きる職業の人もいます。たとえばアメリカの中央銀行であるFRBの議長は、発言次第で株価が大きく動いてしまいます。そこでグリーンスパン元議長は現役時代、わかったようでわからない表現を使うプロでした。ところが私生活でプロポーズしたとき、相手はそれがプロポーズだと気付かなかったというエピソードがあります。

若い人は周囲の人の言葉の誤用を指摘するのはやめたほうがいいというのは貴重なアドバイスです。私がNHKキャスターだった30年前、若い女性リポーターが現地から「この魚は食べれます」とリポートしたので、「正しくは食べられますですね」とスタジオで正したら、「全国放送で若い女性に恥をかかせるとはけしからん」というお叱りの手紙をいただきました。

「伝わる」言葉とは、どんなものなのか。吉田先生の授業で理解できたと思います。これ以上、私が付け加えることはありませんが、あえて付記すれば、それは「少しずつ背伸びをした表現を使ってみましょう」ということです。現状に満足せず、少しでも上品な言葉づかいをしようと努力していると、いつしか本当に上品になるのです。

参考文献・ウェブサイト

●『旺文社 国語辞典 第十二版』池田和臣・山本真吾・山口明穂・和田利政編（旺文社）
●『大人の語彙力が使える順できちんと身につく本』吉田裕子（かんき出版）
●『大人の言葉えらびが使える順でかんたんに身につく本』吉田裕子（かんき出版）
●『角川新字源 改訂新版』
小川環樹・西田太一郎・赤塚 忠・阿辻哲次・釜谷武志・木津祐子編（KADOKAWA）
●『三省堂国語辞典 第七版』
見坊豪紀・市川 孝・飛田良文・山崎 誠・飯間浩明・塩田雄大編（三省堂）
●『ジーニアス英和辞典 第5版』南出康世編集主幹（大修館書店）
●『新明解国語辞典 第七版』
山田忠雄・柴田 武・酒井憲二・倉持保男・山田明雄・上野善道・井島正博・笹原宏之編（三省堂）
●『〔精選版〕日本国語大辞典〈全3巻〉』小学館国語辞典編集部編（小学館）
●『日本語検定公式テキスト・例題集 「日本語」上級 増補改訂版』
須永哲矢・安達雅夫・川本信幹・速水博司（東京書籍）
●『日本語検定 公式「難読漢字」問題集 1級2級』
日本語検定委員会監修、眞野道子編（東京書籍）
●『日本語検定 必勝単語帳 発展編』東京書籍編集部編（東京書籍）
●『日本語シソーラス 第2版 類語検索辞典』山口 翼編（大修館書店）
●『ベネッセ 表現読解国語辞典』沖森卓也・中村幸弘編（ベネッセコーポレーション）
●『明鏡国語辞典 第三版』北原保雄編（大修館書店）

●文化庁
https://www.bunka.go.jp/koho_hodo_oshirase/hodohappyo/93767401.html（P17）
https://www.bunka.go.jp/koho_hodo_oshirase/hodohappyo/92531901.html（P23）
https://www.bunka.go.jp/koho_hodo_oshirase/hodohappyo/1422163.html（P27）

おわりに

「書を捨てよ、町へ出よう」

これは、アンドレ・ジッドの詩文での言葉を寺山修司が書籍のタイトルにしたことで、人口に膾炙するようになった言葉です。本よりも現実の外界を直接体験することを説いたわけですが、このメッセージは、言葉の学びに関しても、当てはまる部分があります。

こういうときにはこういう言葉を使え。本書をはじめ、語彙を解説する本にはさまざまなハウツーが示されていますが、それは一般的には正解であっても、ほかでもないこのときこの場この状況でこの人に向かって言うことが適切なのかどうかは、都度、頭を振り絞って考える必要があります。この気持ちを誤解なく伝えるにはどうしたらよいのか、今この人に届く言葉は何なのか。私たちは日々、そうした思考（あるいは試行）を求められるのです。究極的に言えば、言葉は本の中でなく、現場に生きるものなのでしょう。ですから、この本を読み終えたあなたには、この本を置いて、語彙学の実践の旅に出てもらいたいと思います。

ですが、「書を捨てよ」は少し言いすぎかもしれません。読み終えて脇に置いた書は、また必要に応じて読み返されるべきものでしょう。本書で学んだ着眼点やボキャブラリーを踏まえ、語彙力向上を意識しながら仕事や暮らしを送る中で小さな成功や失敗を味わう、その経験をもとに、改めて本書をひもといたとき、前よりも当事者意識を持ち、深く学ぶことができるようになっているはずです。

Yoshida Yuko

書をいったん置き町へ出て、帰って来たらまた書を読んで、再び町へ出る。

そんな往復をしてもらえたら幸いです。

昭和に生まれ、平成に育った私は、

「そんな言葉づかいはみっともないよ」

「こんな言葉も知らないなんて」

と言われながら成長してきました。未熟や無知を恥じることが学びの1つの原動力でした。それがまったくダメなことだったとは思いませんが、令和の今、自分が言葉を扱い、教える仕事をする中では、語彙力がなくて恥をかくことの不安を煽るアプローチよりも、語彙力があることは豊かなことなんだ、格好いいことなんだと伝えることを大事にしたいと考え、この本を書くうえでもそれを基本の考え方としました。


前向きな向上心や知的な好奇心をもとに伸びやかに学ぶという姿勢こそが、一生続けるべき語彙の学びを継続できる秘訣になるのではないでしょうか。ぜひ楽しみながら言葉を採集し、実践し、生活や仕事をより潤いあるものにしてもらえたらと思います。

緑陰のベンチに腰掛けながら
２０２４年５月

吉田裕子

まとめ

いつも使っている言葉によって、その人の教養の程度がわかります。テレビで女性アナウンサーが「何卒」を「なにそつ」と読んだというのがネットニュースになってしまう時代です。

こんな時代ですと、仲間内では自由にしゃべれても、大勢の人の前では話せないという人もいるでしょう。改まった仕事の場では敬語を使うことは知っていても、どうすればいいかわからない。その結果、奇妙な言葉づかいが氾濫します。たとえば「させていただく」の連発。別にあなたに私が許可を出したのではないから自由に話しなさいよと言いたくなります。

コンビニエンスストアで1000円札を出して支払いしようとすると、若い店員が「1000円からお預かりします」と言います。なんだ、1000円からでないと受け取ってくれないのかと突っ込みを入れたくなります。

カフェでコーヒーを頼んだら、持ってきた人が、「こちらコーヒーになります」と言うではありませんか。いや、もうコーヒーになっているって。

かと思えば、テレビ番組で「やばい」「マジっすか」だけでリポートしてしまう若者。かなりの年齢のディレクターが番組で「無茶苦茶おいしいですね」と、「無茶苦茶」を連発していました。そんな語彙力でレポートするなんて、無茶苦茶ではないかと思ってしまいます。

でも、吉田先生は優しいですね。間違った言葉づかいでも、言葉というのは時代によって正しい使い方になってしまうのだからと説明しています。「依存」の読みが「いぞん」でも許されてしまうようになったのですから。

　使い方の変化でいつも私が迷うのは「他人事」という言葉。「たにんごと」と間違って読む人の多いこと。元々「ひとごと」と読むのですが、「人事」と間違えられないように「人」を「他人」と書いたために、こんな間違いが広がったようです。「間違いですよ」と指摘したいのですが、吉田先生は、間違いを許容してあげましょうと提唱します。この優しさがあるから、吉田先生は若者たちにも人気があるのでしょう。

　生きていくうえで語彙力は大切。でも、どこから覚えたらいいだろうと途方に暮れる人に対し、吉田先生は戦略的な攻略法を指南してくださいます。そうか、まずは自分がしばしば使う分野の言葉から覚えていけばいいのか。参考になるアドバイスが次々に展開されます。

　この本のシリーズは、「明日の自信になる教養」です。単に物知りになる「教養」ではなく、自信を持って生きていけるための教養を読者に深めてもらおうと企画されました。話し方で、その人の教養の程度が知れる。言葉とは、そういうものなのです。語彙を増やすことが、即、教養につながるのです。

　教養のある人になるため、まずは語彙を増やしましょう。

2024年5月

吉田裕子

YUKO YOSHIDA

1985年生まれ。国語講師。東京大学教養学部・慶應義塾大学文学部卒業、放送大学大学院修了。大学在学中から学習塾の教壇に立ち、卒業後も難関大学受験塾や私立高校で教える。現在は東進ハイスクールなどでの古典の大学受験指導、企業研修に携わる。「三鷹古典サロン裕泉堂」を主宰。著書多数。

https://twitter.com/infinity0105

裕泉堂Webサイト　https://www.yusendo.club

池上 彰

AKIRA IKEGAMI

1950年生まれ。ジャーナリスト。慶應義塾大学卒業後、NHK入局。94年から11年間、「週刊こどもニュース」のお父さん役として活躍。独立後は取材執筆活動を続けながら、メディアでニュースをわかりやすく解説し、幅広い人気を得ている。『知らないと恥をかく世界の大問題』シリーズ（小社刊）など著書も多数。

明日《あした》の自信《じしん》になる教養《きょうよう》④　池上《いけがみ》 彰《あきら》 責任編集《せきにんへんしゅう》

思《おも》いが伝《つた》わる語彙学《ごいがく》

2024年7月2日　初版発行

著　　者　吉田裕子《よしだゆうこ》
責任編集　池上《いけがみ》 彰《あきら》
発 行 者　山下直久
発　　行　株式会社KADOKAWA
〒102-8177
東京都千代田区富士見2-13-3
TEL: 0570-002-301（ナビダイヤル）
印 刷 所　大日本印刷株式会社
製 本 所　大日本印刷株式会社

Printed in Japan
ISBN 978-4-04-897670-1　C0030